Laurie Lee

*Die Hügel der Toscana*

LAURIE LEE

# Die Hügel der Toscana

*Reisebilder und Erinnerungen*

verlegt bei Kindler

Aus dem Englischen übertragen von Grete Felten

Die in diesem Band veröffentlichten Reisebilder sind entnommen
dem Buch »I Can't Stay Long«,
erschienen im Verlag André Deutsch, London

© Copyright Laurie Lee 1975
© Copyright der deutschsprachigen Ausgabe by Kindler Verlag GmbH, München
Alle Rechte vorbehalten, auch die des teilweisen Nachdrucks, des öffentlichen
Vortrags und der Übertragung durch Rundfunk und Fernsehen
Redaktion: Ulrike Riemer
Korrekturen: Michaela Nelkow
Umschlaggestaltung: Jürgen Thiele
Gesamtherstellung: H. Mühlberger, Augsburg.
Printed in Germany
ISBN 3 463 00671 5

## Inhalt

Die Hügel der Toscana . . . . . . . . . . . . 7

Spanien – die goldenen Silben . . . . . . . . . 16

Mexiko . . . . . . . . . . . . . . . . . . . 27

Eine Totenfeier in Warschau . . . . . . . . . . 42

Ibiza in den späten fünfziger Jahren . . . . . . 63

Festliche Tage . . . . . . . . . . . . . . . . 79

Geschenk des Meeres . . . . . . . . . . . . 95

Die Zuckerinseln . . . . . . . . . . . . . . 111

Die Stimmen Irlands . . . . . . . . . . . . . 127

Arrak und Astarte . . . . . . . . . . . . . . 140

Concorde 002 . . . . . . . . . . . . . . . 160

Nachwort . . . . . . . . . . . . . . . . . 172

## *Die Hügel der Toscana*

In Florenz war der Frühling vorüber, und die Hitze hatte eingesetzt. Die gekerbten Palastfassaden flimmerten in der Sonne wie Heizkörper. Heiße Luftstöße fuhren durch die Straßen wie Küchenschwälle, beladen mit Gerüchen von Fleisch und siedendem Öl. In den billigeren Cafés saßen englische Touristen mit ziegelroten Gesichtern, schwitzten und zählten ihr zerknittertes Geld. Doch vom Turm des Palazzo Vecchio konnte man hinausschauen über die glutheißen Dächer der Stadt und die Hügel sehen, die sich rings erhoben – Fluchten von Rebstöcken und Oliven, kühles Blau und mattes Silber; Reihen immer zarterer Horizonte, gezackt und funkelnd, südwärts treibend wie Eisberge in der frischen klaren Luft.
Ich hatte Florenz bis zur Neige genossen, diese herrliche, aber unverdauliche Stadt. Meine Augen waren randvoll von Gemälden und Fresken, eins aufs andre gepreßt, verwischt, mit ineinanderlaufenden Farben. Ich fing an, mich nach diesen kühlen Höhen zu sehnen, nach der Landluft, der wildwachsenden Olive ohne Entstehungsjahr und dem Kuckuck, der in keinem Katalog steht. Ich beschloß, zu Fuß nach Siena zu gehen, an die fünfzig Meilen nach Süden, auf der alten Straße durch die Chiantiberge.
So packte ich einen Rucksack, rollte einen Schlafsack zusammen, kaufte eine Karte und verließ die Stadt in einem Paar fester Schuhe. Es war Mittag, aber es hätte auch Mitternacht sein können. Die Sonne machte mich blind, und die Straßen waren verlassen. Ich bog in die Via Chiantigiana ein und ging wie in Trance zwei Stunden lang. Um zwei Uhr ließ ich mich auf dem Marktplatz von Grassina fallen und aß mein Mittagsmahl – Brot, Wein, Obst und ein denkwürdiges Eis.

Im Schatten des Cafés saßen aufgereiht alte Männer mit kurzgeschnittenem Silberhaar, die einander zuzirpten wie Grillen. Nicht weit davon stand eine Gruppe von Maultieren, dösend unter feuchten Decken. In einem trockenen Rinnstein voller Abfall saß der Ortstrottel und fischte mit Rute und Schnur. Lockige Kinder mit goldenen Engelsgesichtern neckten ihn fröhlich und steckten ihm als Köder Orangenschalen an seinen Angelhaken. Eine Zeitlang schaute ich einem Zug von Mädchen in flammend roten Kleidern zu, die ihre Kessel an der öffentlichen Wasserstelle füllten. Dann stolperte ich weinschwer aus der Stadt und schlief zwei Stunden lang auf einer Böschung voller Salbei.

Am späten Nachmittag wanderte ich sechs Meilen und stieg langsam in die Hügel hinauf. Der Weg war weiß und weich von dickem Staub. Der Staub stieg auf wie Rauch im Abendwind und überzog mir Haar und Hände mit winzigen Marmorteilchen – dem Marmor der toscanischen Städte und ihrer weißen Dome. Die Hecken waren von Staub überzogen und besternt mit Jasminblüten und Heckenrosen, riesigen Blumen, schwer und breitgelappt, fett wie dicker Rahm und größer als alle, die ich jemals sah. Und um sechs Uhr ging der Heckenrosenmond auf und hing reinweiß am taghellen Himmel.

Mein Gepäck wurde schwer und beim Steigen immer schwerer. Doch schließlich erreichte ich die Höhe des Campo dell'Ugolino und schenkte den Florentiner Hügeln einen Abschiedsblick – jeder ein klassischer Theaterprospekt, von Zypressen durchschlitzt, in der Abendsonne vom Flaum der Reben überpudert und glitzernd von Alabastervillen.

Jetzt endlich hatte ich das Gefühl, unterwegs zu sein; ich hatte den ersten jener Zauberhorizonte erreicht, und meine Füße waren heil. Lerchen stiegen empor, der Kuckuck rief, und leuchtendgrüne Eidechsen huschten von Stein zu Stein. Unter den langen Abendschatten zog ich in Strada-in-Chianti ein und strich es auf meiner Karte an.

Strada, an seiner Straße lang hingezogen, war kühl und ge-

schäftig, voll eifrig blitzender Nadeln. Gruppen junger Mädchen saßen auf den Gehwegen, sie stickten und nähten Spitzen. Alte Männer mit scharfen Messern spalteten Weidenruten, als gälte es, Teufeln die Haut abzuziehen. Alte Frauen, zahnlos kauend, flochten Strohhüte mit schwarzen, rasend flinken Fingern. Nur die jungen Männer waren müßig, sie hockten vor dem Laden des Weinhändlers und redeten von Fußball.
Ich nahm hier eine Mahlzeit ein – Spaghetti mit Öl und Butter zubereitet, den dunklen Wein des Dorfes und zwei Spiegeleier. Das mollige Mädchen, das mich bediente, lehnte im Fenster und sang schwermütig-sinnlich auf die Straße hinaus. Die Straße war voller Schwalben, die tief herabtauchten. Das Zimmer war voller Fliegen.
Als ich fertig war, half mir das Mädchen den Rucksack aufnehmen, spürte sein Gewicht und öffnete die weinfarbenen Lippen zu tiefen, tröstenden Seufzern. »Warum gehen Sie zu Fuß?« fragte sie. »Sind Sie ein Deutscher?« »Nein«, sagte ich. »Warum dann?« wiederholte sie verständnislos. Mir fehlten die Worte und der Mut zu einer Antwort.
Im roten Licht der Abendsonne verließ ich das Dorf, um einen Schlafplatz zu finden. Ein Wald oder ein Gemäuer wären recht, und auf der Suche danach ging ich drei Meilen fort. Eine unbehagliche Zeit, voll von Trugbildern der Heimatlosigkeit, wenn das Tageslicht erstirbt und die rosig warmen Wolken stumpf werden wie nasse Asche, während ich in das dunkle Land hineinschreite und plötzlich über den Anblick des Schattens erschrecke, den der Mond neben mir herlaufen läßt.
Schließlich fand ich ein Gehölz und packte meine Sachen zwischen den Büschen aus. Der Boden war hart und mit kleinen Steinen und Blumen bedeckt. Die Luft war schwer vom Duft des Thymians und Geißblatts. Ich rollte mich in meinen Schlafsack ein und versuchte zu schlafen.
Diese Nacht werde ich nicht vergessen – es war schlimmer, als wenn ich mitten in einer Großstadt gelegen hätte. Der Mond stieg über den Bäumen herauf und schien mir ins

Gesicht wie eine Straßenlaterne. Dann plötzlich, wie auf Kommando, begann die ganze Landschaft zu schwirren und zu tosen, zu piepen und zu pfeifen. Das erwartete nächtliche Schweigen wurde zu einer Kakophonie quakender Frösche, umherirrender Käfer, Grillen und Kuckucke, Mükken, Mäuse, Esel, Hunde und Nachtigallen. Es gab weder Schlaf noch Ruhe, bis die Sonne aufging, und da war es zu spät und ich war zu steif.

Um sieben Uhr trank ich aus meiner Flasche Wasser, das die Nacht gekühlt hatte, und machte mich auf den Weg. Ich war zwei Stunden von Greve, dem Herzen des Chiantigebiets, entfernt, und dort wollte ich viel, viel Kaffee trinken.

Ich befand mich hoch oben in einer verlassenen Gegend, und ringsum blickte man weit ins funkelnde Land. Überall wuchs wilder Weizen und ließ seine zarten bleichen Halme hängen. Die Sonne am Himmel war ohne Erbarmen. Ich stieg hinab in ein eichenbestandenes Tal, vorüber an melancholischen verschlossenen Bauernhäusern, pockennarbig von Granateinschlägen, über kaputte Brücken, die man mit Baumstämmen gestützt hatte. Dies ist ein Land der kaputten Brücken, und fast jedes Haus hat seine Wunde. All diese Täler herauf fraß sich der lange Krieg seinen zerfetzenden Weg, er sprengte bedächtig, riß gleichgültig Dächer ab, eggte das Antlitz des Landes, als wäre eine Eiszeit darüber hinweggegangen. Die gleiche Tragödie spürt man in diesen zerschossenen Gehöften, in den Maschinengewehrnarben an den Kirchhofsmauern. In aller Stille hitzig begangener Mord, während die Hilfe jenseits des Berges steckenblieb und so selten zur rechten Zeit kam. Keine sauber geplanten Hollywoodträume, sondern die Zufallswahrheit des Kriegs.

Auf dem Talgrund fand ich einen grünen Fluß und badete darin. Zwischen den Kieseln schwamm Seifenschaum heran von einer Frau, die flußaufwärts ihre Wäsche wusch, und am Ufer entlang gingen Kinder in weißen Kitteln, adrett wie kleine Engel, auf ihrem Weg zur Schule.

Auf dieser Straße begegnete ich einer riesigen Schafherde,

die ein Schäfer im langen Mantel und ein Hund mit wilden Augen begleiteten. Die Schafe klingelten mit Glöckchen. Ihre Hufe trommelten im Staub wie ein Platzregen. Ab und zu drängte sich auch ein Widder vorbei, den Kopf gesenkt unter der gewundenen Last der Hörner. Und ein einzelnes außergewöhnliches Schaf fiel mir auf – war es ein Maskottchen oder ein geheimnisvolles Symbol? –, dem man auf die geschorene Haut kunstvoll ein Kruzifix und eine scharlachrote Wappenlilie tätowiert hatte.
Hier stand auch zwischen den Weizenfeldern ein kunstloses Denkmal zur Erinnerung an einen jungen Mann, der 1899 an dieser Stelle ermordet worden war. Ein Kreuz am Wege, mit Blumen und Schädeln geschmückt und mit einer Aufschrift, die die Untat beklagte. Und nicht weit davon ein munterer Straßenarbeiter in leuchtender, mit Sternen und Rosen bestickter Weste, der die Hecke beschnitt.
An jenem Morgen kam ich um neun Uhr dreißig nach Greve, einem Städtchen, das nach reinem Weine roch. Die Ringmauern waren durch Sprengungen zerstört, aber drinnen fand sich eine alte Piazza, still und von Bogengängen umgeben wie ein Klosterhof. Hier rastete ich und nahm ein spätes Frühstück zu mir, während eine Frau einen Verkaufsstand mit Kirschen herrichtete und ein Hund an einer Schlangenhaut auf der Straße schnupperte. Sonst war niemand zu sehen.
Später stieg ich, mit einer Flasche Chianti, Brot und Früchten versehen, vier Meilen aufwärts durch den heißen Vormittag und kam nach Panzano, einem Dorf, das wie eine rote Henne auf dem Gipfel eines schroffen Hügels sitzt.
Panzano fand ich voll festlicher Erregung. Es war der Tag des alljährlichen Radrennens. Junge Männer mit braunen Beinen und ganz kurzen Hosen machten Lockerungsübungen oder drückten prüfend auf ihre Fahrradreifen. Auf dem Marktplatz gab es Verkaufsstände für Eis, Arzneien, Ballons, Kupferkrüge, Spiegel und amerikanischen Kaugummi. Überall waren Fahnen und sommerliche Mädchen. Es versprach ein großes Fest zu werden.

Doch ich zog weiter und stieg einen steilen Hügel hinab, der sich ins Herz eines anderen Tales wand. Und allmählich schmerzten mich die Füße, und Durst plagte mich. Der Weg gabelte sich, und es war kein Wegweiser da. Ich fragte eine alte Frau, wo es nach Castellina gehe, und sie wies mich zu meinem Unglück nach links.

In diesem Tal rastete ich mittags an einem Bach, der kalt von den Hügeln herabstürzte. In seinem Wasser kühlte ich meinen Wein, legte meine Kirschen zum Waschen in einen kleinen Strudel und hängte meine brennenden Füße in die kühle Strömung zwischen die kitzelnden Fische. Es war ein Zustand der Entrückung, Fata Morgana und Fieberphantasie – man erlebt ihn nur, wenn man vier Stunden auf glühend heißer Gebirgsstraße gewandert ist. Ich trank den kühlen Wein und aß mein Brot und meine Kirschen und streckte mich dann im Weizen aus, der bis ans Wasser hin wuchs. Unten im Weizen fand sich ein Gewirr von wilden Blumen: Margeriten, Enziane, scharlachroter Mohn; und Akelei, die sich mit den Weizenstengeln verflocht und ihre Blüten zwischen den reifenden Ähren schweben ließ. Hier war gut sein. Ganz in der Nähe durchflutete Gezwitscher von Nachtigallen die sonnenhellen Zweige eines Gehölzes. Leicht berauscht sang ich mich summend und brummend in den Schlaf.

Als ich mich wieder auf den Weg gemacht hatte und ein paar Meilen gegangen war, stand die Sonne nicht, wo sie hätte stehen sollen. Ich hatte das Gefühl, in der falschen Richtung zu gehen – und täuschte mich darin nicht.

Zwei Landgendarmen tauchten auf, unrasiert und gewehrschwingend, sie hielten mich an, prüften meine Papiere, wußten nicht, was sie von mir halten sollten und wollten wissen, warum in aller Welt ich hier zu Fuß ging. Dann sagten sie mir, Radda sei gleich um die Ecke. Von Radda wollte ich aber nichts wissen; es bedeutete, daß ich fast zehn Meilen von meiner Route abgekommen war. Doch es gab einen anderen Weg zurück nach Castellina, oben über die Berge. »Gut zu gehen?« »Nein, miserabel«, sagten sie.

Sie hatten recht. Zuerst erklomm ich den Fels hinein nach Radda, saure Zitronen aussaugend und unter meiner Last ächzend. Dann ging ich zweieinhalb Stunden den schroffen Gebirgskamm entlang, durch Staub und Stein und Dorngestrüpp, aber auf dem Scheitel der Welt, wo die herrlichen blauen Fernen südlich von Siena sich zum ersten Mal zeigten.

Es war ein schweres Gehen, aber ich wollte diese Nacht südlich von Castellina schlafen. Auf diesem Weg begegnete ich niemandem außer Schlangen und Eidechsen. Im Gehen lief mir der Schweiß in die Augen, und ein teuflischer Durst saß mir im Mund. Aber ich durchwanderte einen der wildesten und schönsten Landstriche ganz Mittelitaliens, das Dach jener grünen und versteckten Täler, wo die prallen Trauben des Chianti schwellen und in der Sonne süß werden. In dieser Nacht kampierte ich auf einer Hochfläche zwei Meilen südlich von Castellina, auf einer Plattform mit großartigen, das Land ringsum beherrschenden Ausblicken. Als die blaue Nacht kam, sprühte die Ferne unter mir mit ihren vielen Dörfern in Lichtbündeln auf, die funkelten wie auf Samt verstreute Diamanten. Ich legte mich hin, den Kopf an einem Busch, und in dem Busch hatte ein Vogel sein Nest. Das Vogelweibchen flatterte eine Weile ängstlich mit den Flügeln, aber schließlich schliefen wir friedlich nebeneinander; und ich schlief gut.

Als ich an jenem Morgen spät erwachte, sah ich als erstes eine märchenhafte Stadt mit goldenen Türmen, umkränzt von Eichenwäldern, die etwa fünfzehn Meilen westlich lag. Es war San Gimignano, jene mittelalterliche Parodie Manhattans, die glitzernd und wirklich in den Himmel ragte.

Dann drehte ich den Kopf und entdeckte plötzlich Siena, das der Busch vor mir verborgen hatte. Auf diesen ersten Anblick hatte ich gewartet, hatte ihn aber am Vortag in der Dämmerung irgendwie verpaßt. Es erhob sich weit entfernt, aber klar umrissen, eine richtige Stadt, rosenrot und von einer großen Mauer umgeben, und Dom und Paläste krönten

die Dreifaltigkeit ihrer Hügel, während ringsherum das grüne Land wogte und brandete. Es war eine Stadt, kompakt wie ein geschnitztes Jerusalem in der Hand eines Heiligen. Und hinter ihr hing ein Berg, blau gefaltet wie ein Vorhang, der an den Himmel genagelt ist.
Ich machte mich also wieder auf den Weg – es war der letzte Abschnitt meiner Wanderung, und ich war am Ende meiner Kräfte. Die Sonne brannte unerbittlich, und die Landschaft zitterte in der Hitze schon wie Wasser. Ich ging in einem Traum aus Durst und Muskelschmerzen. Eidechsen und Libellen schreckten vor meinen Zehen auf. Weiße Ochsen mit Hörnern wie Schwerter pflügten trunken auf den Feldern und zerschlitzten die schokoladenbraune Erde.
Dann erspähte ich ein Gehöft am Horizont und zwei Frauen, die Schweine hüteten. Dort wollte ich um Wasser bitten. Ich stieg den Hügel hinauf, blond, sonnverbrannt, in Khakishorts und unter meiner Narrenlast gebeugt. Aber die Frauen sahen mich kommen. »*Tedesco!* Deutsch!« schrien sie. Schweine, Ziegen und Geflügel wurden ins Haus getrieben, die Türen zugeschlagen, die Fensterläden verriegelt. Schuldbewußt ging ich an den von Granaten gezeichneten Gebäuden vorbei, und schweigend beobachteten sie mich.
Ein langer Morgen der Erschöpfung und Verzückung; ich sog an trockenen Zitronenschalen, und die köstlichen Landschaftsbilder wuchsen wie Träume eines aus dem anderen. Weinreben, Maulbeerbäume, mondfarbene Oliven; Madonnen am Wegrand, von staubigen Blumen umrahmt; und steile kleine Felder, gegen die Sonne geneigt, voll von rotem Weizen und huschenden Salamandern.
Gegen Mittag war ich zwölf Meilen gegangen, und Siena ragte über mir auf. Meine dreitägige Reise war fast zu Ende. Langsam kroch ich den rostigen Mauern entgegen. Siena war für mich inzwischen eine Stadt aus Eis geworden, in deren Höfen nasse Rosen tropften, eine Stadt der funkelnden Brunnen und aufblitzenden Fische.
Ganz so war es nicht; aber es schenkte mir ein kühles Zimmer und reinen weißen Wein – und einen langen Schlaf in

einem Bett. Es schenkte mir auch Straßen, die zu eng waren für Cadillacs. Straßen, in denen man gehen und mit dem Finger an Palastmauern entlangfahren konnte, in denen man Gesang, Mandolinen und Flöten hörte und ganze Wasserfälle von Gesprächen. Es war eine Stadt, vergoldet von der Patina alter Gebete, den grüblerischen Himmelsvisionen ihrer Quattrocentomaler, der stolzen Glorie ihrer größten Tochter, der heiligen Katharina. Es war eine Stadt, die bei Tag ganz geschmolzenes Gold schien und bei Nacht geisterhaftes Silber, von einem riesigen, uralten Mond gehämmert. Es war eine Stadt, zu der man wallfahrtet, eine Stadt, in die man immer wieder zurückkehren muß.
Doch das nächstemal werde ich wohl den Zug nehmen, oder vielleicht ein paar Maultiere.

## *Spanien — die goldenen Silben*

Spanien ist nicht Europa. Es ist nicht einmal Afrika-in-Europa. Es ist eine Insel, isoliert durch seinen Stolz und seine geographische Lage, durch seine Gleichgültigkeit gegenüber den Nachbarn und durch seine drei Meere – die Biscaya, den Atlantischen Ozean und das Mittelmeer. Auf dieser Insel haben sich wie überall auf anderen, echten Inseln alte Überlieferungen in Sitte und Charakter bis zum Exzeß herausgebildet.

Als es noch keine Flugzeuge gab, kamen die meisten Leute nach Spanien über See; fast alle kamen als Eroberer, und nur wenigen gelang es, wieder zu entfliehen. Phönizier, Römer, Westgoten und Mauren – das Land fing sie ein zwischen den Rosten seiner Gebirge, briet sie in seinem Öl, gab ihnen eine leichte Bräune und servierte sie dann in einer Art Rassen-*Paella*, die noch immer das Symbol für spanische Nationalgerichte ist. Nicht einmal der Eindringling von heute, der Tourist mit Reisescheck, kommt ungezeichnet durch das Land. Denn Spanien, das sich in seinem ausgedörrten Geviert selbst absperrt, bleibt eines der wenigen Länder auf der Welt, die nicht die Veränderung anbeten, die nicht neidvoll auf die reicheren Völker schauen, die nicht die sterile Behutsamkeit der Kühlschrankgesellschaft der gröberen Würze des Lebens, wie es eben ist, vorziehen.

Spanien ist arm, rauh, ohne Kenntnis eines großen Teils der Welt; mehr als die Hälfte des Landes ist Wildnis und Gebirge; es weiß von einem grausamen Klima, von schmerzenden Himmelsweiten, von endlosen Landschaften aus Ferne und Schweigen. Doch innerhalb der hellen Mauern seiner Städte und Dörfer hat es ein geselliges und extrovertiertes Lebensritual entwickelt, in dem es nur wenige Außenseiter und wenig Einsamkeit gibt. Der Spanier hält sich, was Kultur und Moral angeht, für allen anderen Menschen in der Welt überlegen, und diese seine Überzeugung ist so unerschütterlich, daß er weder prahlt noch haßt, sondern Fremde mit einer ritterlichen Herzlichkeit aufnimmt, die aus dem Mitleid mit ihrer Unwissenheit und Unzulänglichkeit entspringt.

Hinter den goldenen Silben ›Spanien‹ steht viel mehr als die Stierkämpfe und der Flamenco der Plakate. Das Land ist weder so einfach noch so nichtig. Es ist eine Insel, ja; es ist aber auch ein Archipel; es ist *ein* Name, aber eine Vielzahl von Ländern. Sie liegen eines neben dem anderen, von der Biscaya bis zum Mittelmeer, ein jedes anders nach Aussehen und Verhalten. Hohe Gebirge trennen sie, sie sind gespalten durch Flüsse von Osten nach Westen; ihre Grenzen sind die Sierra de Guadarrama, Sierra Morena, Despeñaperros, Nevada, die Flüsse Ebro, Duero, Tajo und Guadalquivir. Von diesen Schranken umschlossen, haben sie beträchtliche Unterschiede in ihren Gewohnheiten ausgebildet; aber sie atmen alle eine Luft – Spanien.

So leben etwa im Norden die Basken, die den Walisern ähneln; sie graben Schächte und schreiben unverständliche Gedichte; im Nordwesten bewohnen die Galicier, die keltoirisches Blut haben, grüne Hügel in den Nebeln des Atlantischen Ozeans, sie trinken unverdünnten roten Wein, besitzen die Gebeine des heiligen Jakob und blasen den Dudelsack zu seltsamen, gravitätischen Tänzen. Nach Osten hin, in Katalonien, sitzen die einzigen Europäer Spaniens – kluge, rastlose, politisch rege Menschen, deren Hauptstadt Barcelona am ›fortschrittlichsten‹ und vielleicht ein wenig in Paris verliebt ist. Diese drei – die Basken, die Galicier und die Katalanen – haben jeweils ihre eigenen Träume und ihre eigene Sprache.

In der Mitte des Landes findet sich wieder etwas anderes: die nackte, fast meilenhohe Ebene von Kastilien, ein Ort tönender Leere und dünner blauer Luft, dessen einsame Weiten Grausamkeit und Heilige, aber auch den halbirren Idealismus eines Don Quixote hervorgebracht haben. Vie-

les ist hier Wüste, wo der Hunger ins Ungeheure wächst und Gestalt annimmt, um den Wanderer zu quälen. Doch in der Mitte liegt, verankert wie ein Passagierdampfer auf hoher See, die phantastische Stadt Madrid.
Madrid ist wahrscheinlich die Stadt, die der eilige Reisende zuerst besuchen sollte, denn sie enthält, wie eine Anthologie, ganz Spanien. Bis 1607 eine unbeachtete Provinzstadt, wurde sie mit einer jener höchst königlichen Gebärden durch Philipp III. ins Dasein befohlen. Heute ist sie der Stolz ihrer zwei Millionen Einwohner.
»Wenn ich sterbe«, sagen sie, »laß mich in den Himmel kommen, aber gib mir ein kleines Fenster mit Blick auf Madrid.« Es ist nicht leicht, die Leidenschaft zu erklären, die der Madrileno für seine Stadt empfindet, aber es dauert nicht lange, bis man sie teilt. In mancherlei Hinsicht ist es eine häßliche Stadt; ihre Hauptstraßen sind vulgär und protzig, ihre öffentlichen Gebäude geschwollene Plattheiten aus Stein, ihre Slums schlimmer als die von Neapel. Aber sie ist eine der wenigen Städte in der Welt, die noch als Bühne benutzt werden, auf der sich wirkliches Leben abspielt, und die nicht nur ein Labyrinth sind, in dem man arbeitet und sich versteckt. Auf den Straßen ist jederzeit eine *alegria* spürbar, an der jeder Anwesende teilhaben kann; sie rührt von dem herzlichen, unverkrampften Gehaben eines Volkes her, das sich lieber Freunde machen möchte als Geld.
Auf seiner Hochebene ausgebreitet, bei Nacht unter riesengroßen Sternen und bei Tag im Angesicht scharf umrissener Berge, hat Madrid eine Lebenskraft, die nur hochgelegene Städte kennen. Ob es Tag ist oder Nacht – die Stadt wirkt zu keiner Stunde erschöpft. Ihre Bewohner bewegen sich in einem zeitlich festgelegten Rhythmus, wenn sie ihren traditionellen Vergnügungen nachgehen. Wenn die Nachtschwärmer sich auf den Heimweg machen, erwachen die Frühmärkte. In den gewaschenen Straßen spiegelt sich die aufgehende Sonne. Es duftet nach frischem Kaffee und brennender Holzkohle, und die Marktstände sind voller Lärm und Glanz, hoch beladen mit Bergen von Gemüse

und Fischen und triefend unter Regenbogen morgendlicher Wassergüsse.

Nach dem Frühstück geht man – wie alle anderen auch – spazieren und erneuert die Bekanntschaft mit dem Menschen in der Vertikale. Vielleicht in die Parks mit ihren bekittelten Photographen und den Kindern, adrett zum Anbeißen. Oder in den Prado mit seiner Fülle glühender Goyas, die wie der Wein hier an ihrem Ursprungsort viel mehr zu Kopf steigen als anderswo in der Welt. Oder man stöbert am Rastro, Madrids Flohmarkt, wo man alle möglichen unvorstellbaren Dinge erstehen kann – einen mittelalterlichen Suppentopf, einen zahmen Flamingo, einen Sack voller Hufeisen oder einen Sommeranzug.

Gegen Mittag (oder zu jeder gewünschten Zeit vorher) macht man vielleicht bei einer frischgescheuerten Taverne halt. Die Flut der Apéritiftrinker – zu der fast ganz Madrid gehört – strömt jetzt allmählich herein. Gläser mit Sherry, Manzanilla und Vermouth erblühen wie goldene Tulpen auf den Bars. Zu jedem Glas werden dem Gast von großen Eisblöcken die besten Meerestiere der Welt serviert – Austern, Hummer, Krebse, Garnelen, Strandschnecken, Herzmuscheln und Krabben. Das ist jetzt die heilige Stunde in Madrid, der Höhepunkt der Tagesmitte. Da kommt es zu stürmischen Wiederbegegnungen zwischen eleganten jungen Männern, die sich seit mindestens zwanzig Minuten nicht mehr gesehen haben. Im ganzen Land hat man Personenzüge angehalten oder auf Nebengeleise abgestellt, damit die Krustentiere aus dem Golf von Biscaya, aus Vigo und Malaga noch lebend in die Stadt gebracht werden können. Und hier im Herzen des glühenden Landes, Hunderte von Meilen vom Ozean, sitzen die Nachkommen Cristóbal Colóns, trinken, machen eine Pause, brechen die Schale einer Garnele auf und schmecken wieder die salzigen Meere vergangenen Ruhms.

Neben den Meerestieren, die jede Bar bereithält, gibt es auch eine Auswahl köstlicher warmer Bissen – gebratene Zunge, gebackene Sperlinge, Lerchen am Spieß, geschmorten

Rinderbauch und Nierchen in Knoblauch. Doch diese Häppchen sollen, wenngleich manche sich ein Festmahl daraus bereiten, nur den Appetit wecken. Um drei Uhr nachmittags gibt es die Hauptmahlzeit des Tages, und die darf man sich in Madrid nicht entgehen lassen.

In einem Lande, das nicht gerade seiner Küche wegen berühmt ist, wohl aber wegen seiner Vorliebe für köstliche Apéritifs, besitzt Madrid mehrere berühmte alte Restaurants, die sämtlich verhältnismäßig billig sind und sich auf traditionelle Gerichte spezialisiert haben. Man tut gut daran, sich erst einmal klar zu machen, was man besser vermeidet. Spanien mit seinen drei Meeren ist natürlich am besten mit seinen Meerestieren, dann kommen seine Eintopfgerichte und die Zubereitung des Wildbrets. An Fleischsorten ist nur Schweinefleisch zu empfehlen, alles andere ist nicht gut. In alten Restaurants jedoch, so etwa bei Lhardy, findet man hervorragende Gerichte, die das Beste aus Spaniens Provinzen bieten.

*Cocido Madrileño* ist der Beitrag Madrids. Es ist ein Eintopf für Riesen und besteht aus Kichererbsen, Kartoffeln, roter und schwarzer Wurst, fettem Speck, Hühnerfleisch und Kräutern. Die *Paella* aus Valencia ist ebenfalls etwas für Hungrige – ein Berg aus mit Safran gewürztem Reis, durchmischt mit Hühnerfleisch, Muscheln, kleinen Krabben und Garnelen. Andere Speisen, die das Aroma der Küste, des Gebirges oder der trockenen Hochebenen atmen, sind *Langosta a la Catálana* (gebratene Hummerscheiben, in Safransauce mit Weißwein, Piment und Petersilie serviert); *Bacalao al la Vizcaina*, ein Gericht von der Nordküste aus geräuchertem Kabeljau, Tomaten, Thymian, roten Pfefferschoten, Zwiebeln, Lorbeerblatt und Knoblauch; *Cochinillo* aus Segovia, eine königliche Mahlzeit vom Spanferkel, das gewöhnlich über einem Holzfeuer zubereitet wird; und *Fabada*, ein Eintopf aus geschnipselten grünen Bohnen, galicischem Schinken, Schweinsohren, geräuchertem Speck, frischem Speck, roter und schwarzer Wurst und jeder Art Gemüse, die der Koch herbeischaffen kann. Zu solchen

Gerichten rechnet man gewöhnlich ein Kilo Brot und eine Flasche Wein pro Kopf.
Begreiflicherweise ist man nach dem Mittagessen völlig erledigt und schleppt sich nur eben noch ins Hotel, um sich hinzulegen. Der Schlaf wird lang und traumlos sein und wenn man erwacht, ist es später Nachmittag. Macht man sich dann wieder auf, so findet man die Welt wie neugeboren, und alle Menschen sind frisch wie Salatstauden. Der Brauch der Siesta macht zwei Tage aus einem, und der zweite Tag ist der Abend. Jeder Appetit ist neu belebt, und es gibt viele Möglichkeiten, das zu nutzen. Zunächst die Luxusgeschäfte längs der Gran Via oder Alcalá oder in den kleinen Arkaden um die Puerta del Sol. Hier kann man ausgezeichnete Lederarbeiten und Spitzen kaufen und unverzeihlich herzige Reiseandenken. Sucht man Highlife, so nimmt man Cocktails im Ritz oder findet Hollywood im Castallana Hilton. Oder man besucht die Bar Chicote, die im Bürgerkrieg berühmt wurde und jetzt von ihrer Vergangenheit lebt wie ein geschwätziger General – auf den Barhockern sitzen gescheiterte Kriegskorrespondenten und andere verwässerte Kopien Hemingways.
Für den Touristen gibt es natürlich die üblichen Attraktionen: den Sonntagsstierkampf, bei dem man seine Freunde treffen kann (die meisten Spanier ziehen heute Fußball vor); die Taverne Luis Candelas' in den Arcos de Cuchilleros, deren friedfertige Kellner als Banditen kostümiert sind; die ›Stierkämpfer‹-Bars in Nuñez de Arce, wo sie einem Stierohren für fünfzig Peseten vorsetzen, oder die Flamencolokale wie La Zambra und El Duende, wo man den spanischen Tanz in seinem lebhaftesten Verfall sehen kann, wenn stampfende Zigeunerinnen wie glänzende schwarze Stuten zu rudimentären angelsächsischen *Olés* tanzen.

Ich für mein Teil gehe, wenn ich kann, gern in die Altstadt, den Bezirk südlich der Puerta del Sol, eine schattige Gegend mit unvermuteten Lichteinbrüchen – hier finden sich Kuchenläden, Graphikhändler und die alten Kutscherkneipen, wo in den Höfen Fuhrleute und Lastwagenfahrer sitzen und miteinander Pferdegeschirre und kaputte Reifen ausbessern. Hier unten hat sich in der Nacht alles Leben nach draußen verlagert. Barbiere spielen zwischen Kunden Gitarre. Die Männer hocken an den Theken, die Frauen hängen aus den Fenstern, die jungen Mädchen spazieren auf und ab, die bildschönen Kinder laufen bis Mitternacht barfuß umher, und die alten Leute dämmern auf den Fußwegen vor sich hin.

Hier kann man von den Straßenhändlern einen juwelenbesetzten Ring für ein paar Pfennige kaufen, oder auch Kamelien und Jasmin für wenig Geld, oder ein Lotterielos, bei dem der Kauf sich durchaus lohnt (ich habe zweimal hübsche Preise gewonnen). Einfach nur herumschlendern ist eine gute Beschäftigung für jemanden, der gern etwas erlebt. Oder wenn einem ernsthafter zumute ist, kann man in die beiden Nationaltheater gehen und sich Cálderon oder Lope de Vega ansehen. Und von Mai bis September ist fast jeden Abend in dem einen oder anderen Bezirk eine *verbena*, ein Fest zu Ehren eines Lieblingsheiligen, mit Tanz, Glücksspielständen, Ballons und Zirkussen, Schießbuden und afrikanischen Süßigkeiten, die man mit einem Glas *anis* hinunterspült.

Das also ist Madrid, der Mittelpunkt Spaniens, langgestreckt auf seiner funkelnden Hochebene, wo Herzogin und Tellerwäscher das gleiche reine Spanisch sprechen und der Mensch noch immer mehr gilt als die Maschine, wo man die Tage und Nächte in einer Luft verbringt, die elektrisiert, und wo es fast unmöglich ist, allein zu sein.

Doch so gern ich diese Stadt habe – früher oder später wende ich mich doch nach Süden. Denn in den Süden zieht es mich am allermeisten. Dort sind die Getreidefelder, streifig durchzogen von rotem Mohn, die verfallenen Burgen, trunkene Störche in den Weinbergen und unterwegs das hagere Toledo, wo leuchtende El Grecos in jedem Haus zu hängen scheinen. Weiter südlich, am allerschönsten – jenseits der

Sierra Morena und des schroffen Kamms der Despeñaperros
– liegt das Land der Verheißung, das goldene Andalusien,
der Sonne zugeneigt.
Das ist der Teil des Landes, den ich am besten zu kennen
glaube, in den ich immer wieder zurückkehre. Vor langer
Zeit, noch vor dem Bürgerkrieg, habe ich ihn durchwandert,
habe jede Nacht in den traubenreichen Feldern geschlafen
und am Tag in den Cafés Geige gespielt. Es waren die letzten Tage des Friedens und der vollkommenen Freiheit, die
ich dort verbrachte und nie vergessen kann.
Die Provinz Andalusien ist der Südrand Spaniens, ihre
Küste ist etwa dreihundert Meilen lang. Es ist das Gebiet
Europas, in dem der Maureneinfall seine Spuren am deutlichsten hinterlassen hat; der Islam herrschte dort siebenhundert Jahre. Viele Dörfer Andalusiens sind noch streng
arabisch, mit geduckten, salzweißen Häusern, fest vergitterten Fenstern, Festungstoren und Innenhöfen. Die außergewöhnliche Zurückhaltung der Frauen kann nur ein Überbleibsel der früheren Abgeschlossenheit im Harem sein; in
manchen Dörfern gehen sie sogar heute noch verschleiert.
Alles das, was als im höchsten Grade typisch für Spanien
gilt, kommt aus dieser strahlenden subtropischen Region.
Der Kult des Stieres – eine Hinterlassenschaft kretischer
Eindringlinge – hat sich hier fünftausend Jahre lang gehalten. Die moderne Technik des Stierkampfs wurde in der
Bergstadt Ronda erfunden, und fast alle der bekanntesten
Toreros der letzten hundert Jahre stammen aus zwei schmalen Gassen in Cordoba. Der Kult des Reiters, Inbegriff des
spanischen Dandys, entstand auf den Weidegründen der
Stiere rund um Sevilla. (Seltsam genug, daß auch der amerikanische Cowboy hier erfunden und über Mexiko in die
Vereinigten Staaten importiert wurde, wo er dann zum
draufgängerischen Vorbild unseres Fernseh-Quixote mit
seiner schablonenhaften Ritterlichkeit wurde, die nur
schwarz und weiß kennt.)
Musik und Tanz, Gitarre und Flamenco stammen – ein
Erbe Afrikas – ebenfalls aus dieser Provinz. Die Gitarre war

ursprünglich ein arabisches Instrument, und der Flamenco ist zweifellos orientalisch. Manche der berühmtesten Tänzer in Theater und Kabarett sind in den Zigeunerhöhlen des andalusischen Granada oder in den Zigeunergettos von Sevilla aufgewachsen. Die meisten klassischen Tanzformen der Flamencoschule – *Sevillana, Granadina, Malagueña, Fandango de Huelva* – wurden in der heißen Abgeschiedenheit der Städte entwickelt, deren Namen sie tragen. Und aus den roten Feldern von Jerez, Puerto de Santa Maria und Cordoba kommen die Sherries, die Brandies und die Amontillados, die den Tänzern ihre hysterischen Kräfte verleihen.

Doch Andalusien ist nicht einfach nur der Traum des Touristen, die *vida tipica* der Reiseplakate. Es ist auch die Heimat von hungernden Fischern und von Bettlerpoeten, von Schmugglern, Clowns und Verrückten, die Heimat eines trägen, freundlichen und schwer bestimmbaren Volkes, das Grausamkeit mit Akten der Güte verbindet, der Schauplatz großer religiöser Feste, bei denen unter dem Mantel des Christentums viel ältere Götter verehrt werden – wo Adonis betrauert und Osiris bestattet, Astarte vom Meer her eingeholt, die jungfräuliche Erdmutter gepriesen und angebetet und der Korngott zu Ostern ins Leben zurückgeholt wird...

Dies ist ein alter Landstrich, dessen Besiedlungsspuren auf die Anfänge der Menschheit zurückgehen, mit reichbemalten Höhlen überall – von denen manche noch bewohnt sind. Es ist eine traubenblaue Landschaft, die das Schmelzwasser der großen Sierren davor bewahrt, zur Wüste zu werden. Maultiere mit verbundenen Augen ziehen Wasser aus Brunnen, die vor tausend Jahren von Sklaven gegraben wurden. Die Erde ist reich an rasch reifenden Ernten, an Zucker, Weizen und Oliven. Im Leben der Bauern, in ihren Werkzeugen und Techniken erkennt man Formen, die sich seit Homer nicht verändert haben.

Am genauesten lernt man diese Provinz wohl kennen, wenn man die kleinen lokalen Omnibusse benutzt. Man sollte nach Möglichkeit die geldgespickten Küsten und die vorgezeichneten Touristenrouten meiden. Geh von der großen zur kleinen Stadt, von dort zum Dorf, mach keine Pläne und bleibe, wo es dir gefällt. Eine ganze Kette von Überraschungen wird dich belohnen, und jede einzelne wird deine eigene Entdeckung sein.

In Algeçiras zum Beispiel – das von Touristen nicht beachtet wird – kann man mit Schmugglern sprechen, die mit Uhren beladen sind. Oder man geht in die kleinen lokalen Theater (harte Bänke, geringer Preis) und sieht ein paar der besten Wanderschauspieler Spaniens. In Jerez de la Frontera kann man Sherry an der Quelle trinken und umsonst Fisch essen, der eben erst in der Bucht gefangen wurde. In Sevilla kann man für ein Spottgeld in einer Woche spanisch tanzen lernen und sich seinen Namen auf einer Fliese einbrennen und glasieren lassen. In Granada unter der Sierra Nevada, der Stadt der Falken und der Schwermut, ist der Palast der Wüstenkönige zu sehen, dessen poetische Gärten voller Brunnen und Nachtigallen von Bergquellen frischgehalten werden.

Zwischen den Großstädten nimm einen Omnibus hinaus ins abgeschiedene Land, in Dörfer wie Medina Sidonia. Schlechte Straßen werden dich abschirmen, es wird nur kleine Gasthäuser zum Übernachten geben, aber die Belohnung für all das ist eine Landschaft, so rein wie das Meer, uralt, windzerzaust und kahl, wo Störche und Geier über Herden schwarzer Kampfstiere an majestätischen Himmeln kreisen. Zeige, daß du keine Eile hast, daß du bereit bist, die Dinge ihren Lauf nehmen zu lassen, und die menschliche Begegnung, die Spanien ist, wird folgen. Ehe du dich's versiehst, wirst du zu einer Hochzeit eingeladen, zur Feier einer Geburt oder einem Schweineschlachten. Und wenn du ein bißchen Spanisch kannst, wird jeder entzückt sein und dich loben, weil du dir die Mühe gemacht hast.

Die großen Sehenswürdigkeiten sind alle deutlich angezeigt. Folge nur dem ersten Fußkranken mit einer Kamera, den du siehst, und er wird dich hinführen. Wenn du indessen immer noch rastlos bist, das Gefühl hast, noch nicht genug gesehen zu haben, so miete dir einen Esel oder ein Maultier, verlasse die Hauptstraßen ganz und gar und schlage einen der alten Viehtriebe ins Innere ein. Das sind Schäferpfade, Tausende von Jahren alt, die sich durch den größten Teil des unbebauten Landes ziehen. Du bewegst dich langsam voran, durch Einsamkeit, durch steile, brütende Schluchten, über Brücken, die die Römer bauten; du wirst auf rauhem Lager ruhen, herbe Weine trinken, dich von Bohnensuppe oder vielleicht auch nur von Brot und Oliven nähren. Aber du wirst ein Spanien betreten, das nur wenige gesehen haben, das Spanien des Mittelalters, du wirst durch ein Schweigen ziehen, das von Gott zu kommen scheint, in Gegenden aus Fels und Föhre, und endlich in Dörfer gelangen, die aussehen, als hätten sie noch nie einen Fremden gesehen oder darauf gewartet, daß du kommst.

## *Mexiko*

Als ich in einer warmen Frühlingsnacht in Mexiko einflog, sah ich als einzigen Farbfleck den Mond, der eben rostrot aufgegangen war und die Windungen des Rio Grande aufschimmern ließ. Ich weiß noch, daß ich Mexiko spürte, ehe ich es sah; seine Ausstrahlung schien den Himmel zu erfüllen; ich spürte die rohen, straffen Muskelstränge der Sierren unter mir, das hohe Alter versunkener und doch noch lebendiger Götter.

Es ist immer seltsam und bedrängend, irgendwo nachts anzukommen, vor allem an einem Ort, den man lange schon hatte besuchen wollen – wenn sein Gesicht im Schatten liegt, abgewandt im Schlaf und man nur mutmaßen und auf den Morgen warten kann.

Am nächsten Morgen erwachte ich wirklich und wahrhaftig in Mexico City bei strahlendem Sonnenschein, und der Vorhang hatte sich gehoben. Hier war der Anfang, das Herz Mexikos, siebentausend Fuß hoch auf einer Hochebene gelegen, von fünf Millionen Menschen bewohnt, rings von Bergen umgeben und von zwei großen Vulkanen behütet. Der Popocatépetl und Iztaccíhuatl schauen hernieder durch ewigen Schnee, genau hinter ihren Zwillingsgipfeln geht jeden Tag die Sonne auf, und zwischen ihnen betrat auch Cortez mit seinen Männern das Tal, um die Azteken zu vernichten.

Denn Mexico ist die älteste lebendige Stadt in Amerika. Es wurde auf Inseln erbaut, mit Gärten, die auf Kähnen vor Anker lagen, und es hat auch heute noch etwas Schwimmendes an sich. Seine Seen sind ausgetrocknet, aber es hat eine polsterartige Kruste, die bei Erdbeben als Stoßdämpfer wirkt. Man kann immer noch ein merkwürdiges Nachgeben des Bodens spüren, wenn ein Lastwagen vorüberfährt.

Heute erlebt die Hauptstadt eine Phase des Bauens, in der sie sich vergrößert und täglich verändert. Ich sah Wolkenkratzer aus Glas und Hütten aus Lehm, Kirchen aus der Kolonialzeit und Hiltonhotels, Boulevards im Pariser Stil und Gassen, in denen die Abwässer offen abfließen, blonde Amerikaner und Azteken, dunkel wie Obsidian. Mein Hotel war wie aus der Zeit Edwards – voller Messingspucknäpfe, Palmen in Kübeln und flüsternder Pagen. Aber draußen verkauften Indianer den Passanten gefüllte Tamales und Maiskolben.

Man hatte mich gewarnt – Mexico City habe seine Tücken; man hatte mir Vorsicht angeraten. »Es liegt über siebentausend Fuß hoch, bedenke den Sauerstoffmangel; ein Drink wirkt wie drei; das Essen ist stark gewürzt, mach also langsam, sieh zu, daß du nicht höhenkrank wirst...« Doch ich habe mich nie wohler gefühlt, ich ging wie auf Wolken, die Höhe gab mir einen klaren Kopf, das Essen war abwechslungsreich und köstlich, und nach drei raschen Tequilas hatte ich das Gefühl, alle Geheimnisse der Welt gelöst zu haben.

Tequila, das Nationalgetränk, wird aus dem Mark eines Kaktus hergestellt. Es wird unverdünnt und farblos serviert, man trinkt es mit frisch aufgeschnittenen Limonellen und einer Prise Salz aus der Hand zur Erfrischung. Wenn man mit dreien anfängt, so sind das vielleicht zwei zuviel, aber es stimmt heiter ohne schlimme Folgen. Zum Lunch aß ich Tacos, kleine zusammengerollte Tortillas, die mit Schweinefleisch, Chilisauce und roher Zwiebel gefüllt sind. Es ist ein altes indianisches Gericht, beliebt bei Mexikanern aller Schichten, schmackhaft und erfreulicher als ein Sandwich.

Als ich durch die sonnenwarmen Straßen ging, war mir, als sähe ich die Stadt hautnah, durch plötzlich aufleuchtende Zufallsblitze erhellt. Blumen flogen vorüber wie bunte Papierfetzen, und die Stadt stellte sich mit ihrem Leben seltsam zur Schau. Ich erinnere mich an einen Mann, der in einer Einfahrt aus seinem Hut Spiegeleier aß, die er mit rotem Pfeffer bestreut hatte. Ein anderer verkaufte dicht dabei Sauce aus einer Flasche – ein Schuß einen Centavo, wenn man sein Essen selbst mitbrachte. Ich sah einen Jungen mit einem Gewehr, der zwei Segeltuchsäcke trug mit dem Aufdruck ›Wells Fargo‹, in denen die Pesos klingelten; und ein roter Feuerwehrwagen sauste vorbei, dessen Glocken und Sirenen nicht nach »Gib acht« oder »O weh« klangen, sondern nach »Hurra!«

Ich erinnere mich auch an die Gesichter – die Mestizen mit breiten Backenknochen und hier und da den stahlgrauen Abkömmling Spaniens; am häufigsten jedoch waren es jene viel älteren, die vor den Spaniern da waren, die weichfüßigen Herren des Landes. In welcher anderen modernen Stadt läuft soviel Vorgeschichte so lebendig auf den Straßen umher? Ich sah Indiofamilien bloßfüßig auf den Fußwegen, die Gemüse und Töpferware von den Hügeln herunterbrachten, die Männer an der Spitze, ausschreitend, als bahnten sie den Weg durch einen Dschungel, gefolgt von ihren Frauen und Kindern. Ihre dunklen, wie aus Vulkangestein geschnittenen Gesichter waren die Gesichter der Mayagötterbilder – hohe Backenknochen, Adlernase, scharf geschnittene, witternde Nüstern, manchmal schräggestellte Mongolenaugen. Mag Mexico City heute auch auf die Zukunft setzen und seine Straßen mit Autos pflastern – diese Herren seiner Vergangenheit kann es so wenig abstreifen, wie ein Baum seine Vögel abschütteln kann.

Später am Tag fuhr ich die drei Meilen lange Reforma zum Zocalo hinauf, dem alten Herzen der Stadt. Dieser riesige leere Platz wirkte in der Nachmittagssonne unheimlich und der Gegenwart weit entrückt. Hier stand der Palast Montezumas, hier der Tempel des Kriegsgottes, dem einmal an einem einzigen Tag zwanzigtausend Gefangene geopfert wurden. Hier fuhr die eiserne Faust Spaniens herunter auf die Azteken und machte eine Kultur zur bloßen Antiquität. An die Stelle der Säle Montezumas trat Cortez' Palast, an die Stelle des Tempels des Kriegsgottes die spanische Kathedrale.

Diego Rivera malte rings um die Haupttreppe und längs der

oberen Galerie des Cortezpalastes, des heutigen National-
palastes, seine ›Geschichte Mexikos‹. Die Arbeit ist ein glän-
zendes Meisterwerk von fanatischer Frömmigkeit, das eine
brisante Einführung in das Wesen des Landes bietet. Vom
Fuße der Mauern in hämmernden Regenbogenfarben
emporsteigend, entfaltet sich die Geschichte wie ein üppiger
Dschungel.
Ein großes Fresko stellt den alten aztekischen Markt dar.
Eine hochgewachsene tätowierte Schönheit trägt zwischen
Menschengliedern, die zum Verkauf aufgehängt sind, einen
Armvoll Lilien. Da gibt es Maiskolben und Bohnen, Fische
und Wildgeflügel, Eidechsen, Frösche und Rotwild, und im
Hintergrund glitzert die silberne Stadt am See, Mexico mit
seinen Dämmen und schimmernden Gärten, mit seinen tau-
send spitzen Tempeln, ihren mit Blut benetzten Stufen und
den Vulkanwänden dahinter.
Wohin man auch schaut auf diesen Wandgemälden, sind die
Einzelheiten packend, eindrucksvolle Augenblicksbilder von
Streit und Gewalt – ein rotbärtiger Spanier, der einen Indio
mit dem Schwert bedrängt, ein Steinmesser in einem Pferde-
bauch, zerbrechliche Pfeile und Bogen, die an den Mäulern
von Kanonen picken, ein brennender Aztekentempel; dann
Vergewaltigung, Folter, Sklaven, die im Gesicht gebrand-
markt, Bauern, die zur Arbeit in den Bergwerken angekettet
werden, ein blondes blauäugiges Baby auf dem Rücken einer
Indiomutter, Priester, die über Goldklumpen die Zähne
blecken. Hieraus erheben sich die Revolution und ihre Pro-
klamationen, Gewehre und Fahnen auf den Straßen, bis an
die Stelle des großen blutroten Antlitzes der heidnischen
Sonne Mexikos der bleiche bärtige Mond, Karl Marx, getreten ist.
Es ist eine machtvolle, naive, blitzartige Vision der Geschichte, gesehen mit den Augen eines leidenschaftlichen
Menschen. Mag es auch verzerrt sein – das Fresko hat die
Stoßkraft des Lebens und konnte von niemandem gemalt
werden, der nicht blutsmäßig in Mexiko wurzelte. Seine
glutvollen Bilder und Farben auf diesen strengen spanischen

Wänden wirkten auf mich wie eine Rückeroberung durch die Indianer.
Mexico City bei Nacht verlockt dazu, sich treiben zu lassen. Die Straßen um mein Hotel – Calle Londres und Hamburgo – waren am frühen Abend erleuchtete Schatzkästchen. Hier gab es handgearbeiteten Schmuck in Gold und Silber (vierschrötig-barbarisch oder zart wie Augenwimpern), geblasenes Glas, bestickte Blusen, indianische Schärpen und Schals und Kleidung aus Kalbsleder, so weich wie die Wange eines Kindes. Es gab auch leuchtende Edelsteine, aus den Bergen frisch zu Tage gebracht – Chalzedon, Opal und Onyx – und alte untersetzte Götter, an denen noch die Erde hing, primitive Gemälde und holzgeschnitzte Heilige.
Mit einem mexikanischen Freund besuchte ich mehrere Bars und Nachtklubs: La Ronda, Jacaranda, Can-Can, El Presidente. Wir beschlossen die Runde im Mauna Loa, wo das Dach des Speisesaals aus Bambus und Palmblättern besteht und wo es einen Teich mit schlafenden Flamingos gibt. Als das Dinner begann, wurde der Teich zum Tanzen überdeckt und die Musik weckte die Flamingos, die ihre Hälse entrollten und anfingen, um die Tische zu spazieren und mit ihren langen rosa Schnäbeln die Speisen aufzuspießen.
Später gingen wir – ziemlich benommen – zurück zum Hotel und kamen dabei an einer Abendschule vorbei, wo man Englisch lernte. Auf der Wandtafel stand mit Kreide geschrieben: »Call the Doctor«. Eine Gruppe von Indios starrte durchs Fenster hinein. »Bist du nicht einfach baff über Mexico City?« fragte mein Freund. »Und bist du nicht baff, daß ich das Wort baff kenne?«

Am nächsten Tag brach ich mit einem Wagen und einem Fahrer zu einer Rundfahrt nach Guadalajara auf, einer Sechshundertmeilenreise durch Gebirge und Hochebene. Meinen ersten Geschmack vom Land bekam ich, als wir über einen rostroten Kamm vulkanischer Hügel in das bröckelige, staubige Bauernland vordrangen. Nach dem gläsernen Glanz der Hauptstadt lag hier das Fleisch Mexikos bloß.

Zwischen verstreuten Hütten standen saubere Maisschober, gekrönt von glückbringenden Zauberzeichen und kleinen Strohkreuzen. Hennen und Schweine rannten umher, und tief gebückt in den Feldern standen jene Indianer, die es hier immer gegeben hatte.

Nachdem wir eine Stunde gefahren waren, wurde das Land weiß, als wäre es bereift, und wir kamen nach Tula, der heiligen Stadt der Tolteken. Nahebei zerkauten Zementfabriken den aschgrauen Boden, und alle Bäume waren mit Staub bedeckt. Oben auf dem Hügel befanden sich der große Stufentempel, das Haus der Priester und die heiligen Ballspielhöfe.

Dies war das Heiligtum Quetzalcoatls, des blonden, bärtigen Gottes, der geflügelten Schlange, der aus dem Osten gekommen sein soll. Von diesem Hügel aus verbreitete sich sein Kult achthundert Meilen südwärts nach Yucatan und wurde auch von den aztekischen Eroberern übernommen. Quetzalcoatl stahl, so heißt es, den Mais von den Ameisen und gab ihn den Tolteken zum Anbau, und später segelte er wieder nach Osten, der aufgehenden Sonne entgegen, versprach aber zurückzukehren. Wer war er also? Maisgott, Sonnengott oder ein früher Gast aus dem Mittelmeerraum? Wer immer er gewesen sein mag – als Cortez aus Spanien kam, glaubten die Azteken, er wäre ihr Gott, der wiederkehrte.

Der Tempel von Tula ist einer der merkwürdigsten von ganz Mexiko. Er ist gekrönt von fünfzehn Fuß hohen Kriegern, aus mächtigen Steinblöcken gemeißelt, majestätisch, stumm und bedrohlich. Die unteren Mauern werden von eingemeißelten Jaguaren und Adlern behütet – die schützenden Mächte zu Lande und in der Luft. Eine entferntere Mauer zeigt einen Fries mit dem Symbol Quetzalcoatls, geflügelten Schlangen, die menschliche Skelette ausspeien. Am düstersten von allen ist eine einzelne Steinfigur, Chac-Mool, der liegende Regengott, der auf dem Leib eine Schale für ausgerissene Menschenherzen hält, während er sein Haupt mit leerem Blick dem Horizont zuwendet.

Von Tula wandten wir uns ostwärts durch löwenfarbenes Land mit Büscheln von Kaktus und stachligem Mesquitegesträuch, mit hingestreuten blauen Seen, an denen geschäftige Indiofrauen ihre Arme in die Spiegelbilder der Berge tauchten. Wir kamen durch San Juan del Río, eine Stadt mit rosa Kuppeln, die ganz einem merkwürdigen Fest hingegeben schien. Die meisten Männer waren in den Bars, die meisten Frauen auf den Friedhöfen, und alle übrigen stapften mit Fahnen und Feuerwerksrädern die Landstraßen entlang. Gleich danach erreichten wir Querétaro, eine Stadt, so vornehm, als läge sie in Kastilien. Sie ist vollgestopft mit Kirchen und Herrenhäusern aus der Kolonialzeit, und die Zufahrt führt unter einem großartigen Aquädukt hindurch, der noch heute das Wasser sechs Meilen weit aus den Bergen heranführt. Die Straßen sind mit Steinplatten gepflastert, und die großen Hauseingänge starren von Nägeln und heraldischen Sinnbildern. Überall funkelt es von glasierten Fliesen und Brunnen, von flüchtigen Durchblicken in Patios voller Blumen und Vögel.

In einer Nebenstraße sah ich in einer Werkstatt einen Jungen, der Opale polierte, während ein anderer sie aus Quarzbrocken herausbrach und dann gleichgültig in einen Eimer voll Wasser warf, wo sie lebendig wurden wie sprühendes Feuer. Drunten auf dem Markt stand eine Gruppe von Indios, die etwas aßen, das wie Wolfsköpfe aussah. Sie forderten mich auf mitzuhalten, doch ich ging statt dessen in ein Lokal, das voller Bilder von sterbenden Stierkämpfern hing. Zwei alte Männer unterhielten sich, und als ich ein Bier bestellte, hörte ich den einen zu dem anderen sagen: »Pedro langweilt sich so, daß er draußen auf dem Land war und Gesichter auf alle Steine gemalt hat.«

Der Covento de la Cruz beherrscht Querétaro immer noch wie eine Festung. Ein kleiner brauner Mönch war offenbar als einziger noch übrig von der einst zahlreichen Bruderschaft der Franziskaner. Er war damit beschäftigt, Dornen von einem Busch im Garten zu verkaufen, die er vorsichtig abpflückte und in Briefumschläge steckte. Neben dem Busch

stand eine Leiter, die zu einem kleinen Steinturm hinaufführte, in dem der Kaiser Maximilian gefangen gelegen hatte. Als wir die Stadt verließen, kamen wir am Glockenhügel vorbei, wo der verwirrte Kaiser erschossen wurde.
Es war jetzt Nachmittag, und die Landschaft wirkte leer. Die Sonne gleißte in der Hitze wie Glas. Ich sah eine Indiofamilie im Schatten eines Baumes sitzen wie tropische Fische, die sich unter einem Felsen verbergen. Doch sonst bewegte sich nichts außer ein paar flügelschlagenden Geiern und dem wilden Hund, der neben ihnen herlief.
Als es dann kühler wurde, erreichten wir den Kamm eines Höhenzugs und blickten hinab auf San Miguel Allende. Es rieselt in Terrassen vom Hügel in die Ebene hinunter und ist eine bemerkenswert schöne Stadt; nach Mexico City war es, wie wenn man einen guten alten Wein trinkt, nachdem man sich an chemischen Fruchtsäften übernommen hat.
Die fast vollkommen erhaltenen Gebäude aus der spanischen Kolonialzeit waren fast so schön wie die von Querétaro. Die Architektur zeigte überall Kraft und Anmut, Leichtigkeit und Stärke, und der rosenrote Stein verlieh selbst den strengsten religiösen Bauten Wärme und Menschlichkeit. Die Mauern der Häuser waren mit buntem Papier, mit Masken aus Silber und Kupfer verziert. Ein zartrosa Schimmer wurde vom Fußweg zurückgeworfen und verlieh den Gesichtern einen sanften Glanz. Alles war Farbe – die Pfarrkirche mit ihrem indianisch-romantischen Turm, eine geniale Phantasie aus erdbeerfarbenem Stein; junge Männer in breiten Hüten mit schwingenden Quasten; Esel mit bestickten Geschirren; und Mädchen in blauen Blusen, roten Röcken und schwarzen Strümpfen, jede mit einem Schwall schwarzer Haare bis herab zur Taille.
San Miguel war eine der Wiegen der mexikanischen Unabhängigkeit, und daran mußte ich denken, als wir aus der Stadt fuhren und ich einen Betrunkenen in rotem Hemd sah, der glücklich durch die Straßen zog, gefolgt von zwei gemieteten Musikanten.
Bei Sonnenuntergang kamen wir an Dolores Hidalgo vor-

über, wo die Glocken die Revolution eingeläutet hatten. Als die Farben aufflammten und erstarben, fuhren wir ins bewaldete Gebirge hinein, die Heimat der Imker und Köhler, und sahen die letzten Sonnenstrahlen dahinschwinden auf kräuselndem Holzrauch, bemalten Bienenstöcken und Mandelblüten. Das letzte Bild jenes Tages war surrealistisch, genau das, womit man dort zu rechnen lernt – zwei alte Männer, weit draußen im Land, die in den Sonnenuntergang hineinwanderten, einer mit einem Cello, der andere mit einer riesigen Baßgeige.

Wir verbrachten die Nacht in Guanajuato, einer alten Bergwerksstadt in einer Schlucht, die von den Hügeln aus, als wir uns ihr im Dunkeln näherten, wie eine Silberader in einer Höhle aussah. Guanajuato besaß auch wirklich eine der reichsten Silberminen Amerikas, ergiebig genug, um den Staatsschatz Spaniens wieder aufzufüllen, in jenen Tagen, da die Indios angekettet unter Tag arbeiteten und mit Silberklumpen bezahlt wurden.

Die Berge, die sich rings um die Stadt drängen, sind riesig, fast grausam; metallisch, das Innere nach außen gekehrt. Doch in die Schlucht hineingepackt sind große Kirchen und Villenüberbleibsel der Reichen jener alten Zeit – und wunderschöne gewundene Straßen, schmiedeeiserne Balkone und kleine Plätze voll von Bäumen und Brunnen.

Von den Hügeln aus bei Tage besehen, ähneln die Bauten von Guanajuato einer Bibliothek mit alten Büchern, in Ledereinbänden, oft durchblättert, unordentlich und einander überschneidend, aber jedes anders und unersetzlich. So poetisch sie sind, enthalten sie doch ein paar düstere Kuriositäten – die stehenden Toten in den Katakomben (die durch die im Erdboden enthaltenen Mineralien konserviert sind), die überfluteten Schächte, die verlassenen Grenzbezirke von Marfil mit ihren grün überwucherten Straßen und die Eisenkäfige, die von den Mauern des Speichers herabhängen und einst die abgeschlagenen Köpfe der Revolutionsführer enthielten.

Am nächsten Tage erreichten wir mittags San Juan de los

Lagos, an einem Festtag, den ich nie vergessen werde. An die sechzigtausend Pilger waren aus ganz Mexiko gekommen, um das Fest der Jungfrau des Ortes zu feiern. Der Anblick war erstaunlich und nicht aus unserer Zeit – es war wie eine Massenversammlung biblischer Stämme. Tausend weiße Zelte, flatternd im heißen trockenen Wind, bedeckten das Hügelland rings um die Stadt, erfüllten die Wälder und Canyons, drängten sich an den Ufern des Flusses und zwängten sich sogar an die Mauern der Häuser. Ein lebensvolles Tosen stieg aus den Lagern auf, eine Mischung aus Musik, Gelächter und Geschrei; der Rauch von tausend Feuern erfüllte die sonnige Luft, Geschirre und Decken hingen von den Bäumen herab; prächtige Reiter trabten zwischen den Zeltstangen, und Kinder flitzten um die Hufe wie Truthähne.

Die große Menge der Pilger schmückte die Landschaft; sie gehörte zu diesen staubigen Hainen; stehend, gehend, im Schatten der Bäume hockend oder in Familiengruppen zum Essen versammelt; vor allem aber am See, wo ihre weißen und blauen Gestalten von fern wie zitternde Irisblüten glänzten und die anmutigen verschleierten Frauen mit Krügen auf den Köpfen herankamen, eine Weile über ihrem leuchtenden Spiegelbild verharrten und dann niederknieten, um Wasser zu schöpfen oder ihre braunen Arme neben den Mäulern der trinkenden Pferde zu waschen.

Der große Jahrmarkt des Ortes war einer der bedeutendsten in Mexiko, und die Madonna eine der ältesten. Unten in der Stadt war es fast unmöglich voranzukommen; Straßenhändler, Musikanten, federbuschgeschmückte Tänzer stießen und drängten einander. Viele Pilger waren von weither gezogen, ganze Familien waren tagelang unterwegs gewesen. Viele waren gekommen, um ein Gelübde zu erfüllen, und für manche war es ein letzter Glaubensakt: ich sah alte Frauen und einen Mann mit einem Jungen auf den Schultern die steile kopfsteingepflasterte Straße auf den Knien herabkommen und ihre Reise mit letzter Kraft beenden, die glasigen Augen unverwandt auf die Kirche gerichtet.

San Juan de los Lagos weckte an diesem Tag voll Wind und Sonne erstaunliche Energien der Anbetung und der Fröhlichkeit. Das Innere der Kirche erbebte den ganzen Tag von Schreien, und die Menschen erkämpften sich keuchend ihren Weg hinein. Draußen sprangen die Tänzer, manche in Tierhäuten, manche in Federn wie Aztekenpriester, unaufhörlich in Gruppen umher, die sich zur Musik von Laute und Trommel wie in Trance bewegten. Ich sah ein ganzes Dutzend solcher Gruppen auf einmal, die ihre Köpfe wie zottige Chrysanthemen schüttelten, während die an ihren Kleidern befestigten Spiegel Sonnenblitze zurückwarfen, die wie Meteore über die dunklen Kirchenmauern flitzten.
Ich vermochte mich von dieser erregenden Menge nicht loszureißen. So setzte ich mich auf den Platz, um mein mitgebrachtes Lunchpaket zu essen, und mietete mir ein Wanderorchester, das mir aufspielen sollte. Für wenig Geld bekam ich ein herzzerreißendes Lied, gesungen zur Begleitung von vier Geigen, drei Gitarren und einer Trompete. Da ich nicht aufessen konnte, was das Hotel mir mitgegeben hatte, schenkte ich das Ei einer alten Dame, den Apfel einem Jungen und das Sandwich einem Pferd, das vorbeikam.

Am nächsten Tag traten wir die Rückfahrt von Guadalajara aus an – einer ausgedehnten, ihrer Natürlichkeit beraubten Stadt. Für den Weg nach Mexico City brauchten wir zwei schnelle Tage, die uns durch eindrucksvolle Gegenden führten. Zuerst waren es rote, weitgewellte Hügel, mit vielen einsamen Reitern und hier und da einer Herde langgehörnten Viehs.
Wir kamen zum Pátzcuaro-See und nach Tzintzuntzan, der ›Stätte der Kolibris‹. (Viele alte indianische Namen sind lautmalerisch: Guanajuato zum Beispiel, die ›Stätte der Frösche‹, klingt hübsch nach Sumpf und Froschgequake, und ›Tzintzuntzan‹, gibt, weich und ohne Betonung ausgesprochen, wisperndes Flügelschwirren wieder.) Tzintzuntzan war die große Stadt der Taraskischen Indios und wird noch immer von den Grabhügeln seiner Könige beherrscht. Heute

ist es ein unbedeutendes Dorf, das von kleinen Mädchen wimmelte; sie flitzten um mich herum wie Brummkreisel, verkauften mir Strohengel, zeigten mir ein paar alte Ölbäume und läuteten dann die Kirchenglocke für mich.

Wir blieben eine Nacht in Pátzcuaro, aßen Weißfisch aus dem See und sahen hinaus auf die schmetterlingshaften Fischerboote und die Inseln. Diese rosenfarbene Stadt mit ihren weiten, unregelmäßig angelegten Plätzen, steinernen Bogengängen und hohen, kühlen Bäumen strömte eine – teils vom See, teils vom Gebirge kommende – Frische aus, die zum Wiederkommen einlud.

Die Fahrt am nächsten Tag – fast zweihundert Meilen durchs Gebirge – war wie das Mischen eines bunten Kartenspiels. Ich erinnere mich an Morelia; auch eine prächtige Stadt aus der Kolonialzeit, mit Bauten von außergewöhnlicher Eleganz und Plätzen voller großer Bäume, die mit eisblauen Jacarandablüten durchwobene Vorhänge aus Bougainvillea herabwehen ließen. Nach Morelia kamen die Berge, die bis zu zehntausend Fuß aufstiegen, dann weiter durch schweigende und duftende Wälder und ein Halt in Mil Cumbres wegen des Blicks auf tausend blaue Gipfel, die sich, wie Diamanten aufgehäuft, bis zum Pazifik hinziehen.

Auf der letzten Strecke, in der Nähe von Toluca, waren überall Indiofamilien, die sich in Schwärmen an den Straßenrändern drängten; die Frauen leuchtend in Purpur, Blau und Scharlachrot, mit silbernen Spangen im Haar. Sie waren offenbar für ein Fest gekleidet, und jedes einzelne Gewand hatte seine Tradition, peinlich genau der Stammessitte angepaßt. Und vor den weiten heißen Feldern mit den blauen Vulkanen im Hintergrund schien mir kein Volk besser in diese Landschaft zu passen.

Ich verbrachte meine letzten Tage in Mexiko südlich in Oaxaca – dort unten, wo das Horn des Landes am schmalsten wird. Die Stadt erhebt sich auf einer meilenhohen Hochfläche, von Bergen ganz umringt; sie hat aus weichem grünem Stein erbaute Häuser, und ganz in der Nähe liegen die Ruinen zweier großartiger Städte: Mítla und Monte Albán.

Ich kam am Morgen des Markttags an, und der Markt von Oaxaca gehört zu den größten des Südens. Sieht man davon ab, daß es weder Sklaven noch Menschenglieder noch Eidechsen gab, so hätte es vor tausend Jahren genau so aussehen können. Es gab Stände mit schwarzer Töpferware und Terrakottatieren, feine Korbflechtarbeiten, Schals und *sarapes*, aromatische Kräuter in Säcken, Vögel in Käfigen, lebendes Geflügel und Blumen, die für den Karneval von Nizza ausgereicht hätten.

Die Menschen waren nicht weniger exotisch als die Waren, vor allem die Frauen – Mixteken, Zapoteken, Olmeken aus dem Norden. Deckenweberinnen aus Mítla und Tehuantepec, die ihre austernfarbenen Schleier auf vielerlei Art anmutig zu tragen wußten, manchmal aufs Haupt getürmt wie in Arabien, manchmal um ein Kind geschlungen wie ein Blatt um eine Lilie. Manche wanden bunte Bänder ins geflochtene Haar, andere trugen Sombreros wie Männer. Ein entzückendes Bild: eine junge Otomi-Mutter, ihren kleinen Sohn stillend, der, einen kleinen Schlapphut keck auf den Hinterkopf gestülpt, träumerisch saugte.

Der Hauptplatz von Oaxaca war voll von blühenden Bäumen und hatte in der Mitte einen pagodenähnlichen Musikpavillon. Schwarze Eichhörnchen fallen plötzlich aus den Zweigen und fressen einem Zitronenschalen aus der Hand. Am Abend versammelte sich die Stadt, um der Musik zuzuhören; man ordnet sich in Kreisen an, die verheirateten Paare sitzen vorn am Pavillon, während die jungen Leute die äußeren Reihen einnehmen. Im Schatten saßen alte Männer mit langen Mayagesichtern und lauschten hingerissen der Straußschen Musik, während Händler herumgingen und Ballons und Puppen, Tabletts mit Fruchtgelee und kandierte Früchte anboten.

Als ich Monte Albán, einst die prächtigste Stadt der Zapoteken, besuchte, erschien sie mir eher wie ein Denkmal für Riesen als wie eine Ruine. Ganz oben auf dem Hügel errichtet, der selbst schon ein Altar ist, beherrscht sie die Ebene und den funkelnden Ring der Berge, und was Größe und Geheimnis wie auch die natürliche Majestät ihrer Lage angeht, schien sie mir ebenso eindrucksvoll wie die Akropolis von Athen. Die Bauten einschließlich der beiden großen Pyramiden wirken so fest gefügt wie eh und je – nur streifen grasende Ziegen über die Stufen der Priester und suchen Futter an den heiligen Altären.

Weiter südlich liegt Mítla, die mixtekische ›Stadt der Toten‹, einzigartig durch ihre abstrakten geometrischen Mosaiken. Gestaltete Säulen, ungeheure Blöcke, elegantes Spitzenwerk aus Ziegeln, perspektivische Tricks, raffinierte Webmuster aus Stein – alles behauen und aneinandergepaßt ohne Metallwerkzeuge und Mörtel, und nun schon achthundert Jahre alt.

Mítla und Monte Albán zeigen wie andere alte mexikanische Städte die außerordentliche architektonische Begabung der Indianer. Sie hatten ein Gefühl für Größe, für Ausgewogenheit und für prometheische Gesten in Stein, die nur aus einer vollkommenen Beherrschung des Materials entspringen konnten. Sie waren auch große Künstler, kannten sich in der Komplexität der Gestirne aus und waren hochgebildet, als die Mehrheit der Menschen noch Wilde waren. Doch alles, was sie taten, war wie ein riesenhaftes Auftürmen von Waffen gegen den einen gemeinsamen Feind – die Götter. Ihre Religion und ihre Riten ließen erkennen, daß sie den Geistern ausgeliefert waren: sie fürchteten die Natur, die Zeit, das Schicksal. Selbst ihre besten Kunstwerke waren weniger Lobpreis des Lebens als demütiges Flehen und Bestechung. Doch man kann ihnen das nicht zum Vorwurf machen; alle Kulturen sind zu irgendeiner Zeit diesem grundlegenden Irrtum verfallen, als das Geheimnis des Lebens panische Angst auslöste, die nur durch vergossenes Blut besänftigt werden konnte.

In kleinem Maßstab sah ich das wieder bei einem Hahnenkampf an meinem letzten Tag in Oaxaca – die Zuschauer ungerührt, dunkel wie Stein, fast träumerisch rings um den

Kampfplatz; die Hähne mit stählernen Sporen, federgeschmückt wie Kriegerpriester, die einander die Brust aufschlitzten, und der indianische Abrichter, der seinen sterbenden Vogel packte, um ihm das Blut aus Kopf und Augen zu saugen.
Dann flog ich fort aus Mexiko, blickte hinunter auf das Land und konnte kaum glauben, daß ich dort gewesen war, daß ich gesehen hatte, wie die kleinen heißen Wirbelwinde sich über die Felder hinbewegen, das Land berauben und wieder auffüllen, die kleinen Geister aus braunem Staub, die sanft die Tempel zudecken und die Krater der erloschenen Vulkane anfüllen.

## *Eine Totenfeier in Warschau*

Im Monat mit dem schlechtesten Wetter – der auch der Monat mit ihren trübsten geschichtlichen Erinnerungen ist – gedachten die Polen Adam Mickiewiczs, des Nationaldichters, Patrioten und Romantikers, der vor hundert Jahren gestorben war. Und zur Feier dieses Ereignisses lud die polnische Regierung Professoren, Gelehrte und Dichter aus der ganzen Welt zur Teilnahme an diesen Festlichkeiten ein, womit sie eine romantisch-politisch-mystische Auffassung bekundete, die mir als einem Bürger der westlichen Welt ganz ungewohnt war. Aus Großbritannien lud man unter Übernahme aller Kosten fünf solche Persönlichkeiten ein. Doch wie sich herausstellte, war ich der einzige, der annehmen konnte.

Die Einladung übermittelte mir eine freundliche, sehr eindringliche Stimme per Telefon von der polnischen Botschaft in London. Anscheinend hatten die anderen vier sich bereits entschuldigt. Die Stimme glich der einer Gastgeberin, die entschlossen ist, das Scheitern einer Abendeinladung zu verhindern. Sie lud mich ein, geradewegs nach Warschau zu fliegen. Und ich ging natürlich recht gern.

Was konnte schließlich harmloser sein als eine Feier zu Ehren eines Dichters aus der Byronzeit, der seit hundert Jahren tot war? Außerdem wünschte ich mir sehnlich, zu den lästigen Leuten zu gehören, die hinter dem Eisernen Vorhang Bescheid wußten, um mich so für alle Zukunft vor ihnen schützen zu können. Schließlich wollte ich auch die Probe darauf machen, ob ich dem polnischen Winter gewachsen wäre. Und herausbekommen, wer Mickiewicz war.

Doch ich beschloß, nicht zu fliegen. Ich wollte es auskosten, mich Warschau allmählich, im Eisenbahntempo, zu nähern

und keinen Grenzübergang zu versäumen. Also wurden Fahrkarten besorgt, und ich brach auf.
Im Morgengrauen des zweiten Tages kam ich nach Deutschland, stieg in Stuttgart um und wartete eine Stunde auf den Wagen nach Warschau. Ich war bisher noch nicht in diesem Land gewesen und beobachtete mit Interesse die hastenden Deutschen, die so lange die Buhmänner meiner Kindheit gewesen waren. In Regenmänteln und mit Aktentaschen, die sie wie Wappenschilde trugen, quollen sie zielstrebig aus ihren Vorortzügen und eilten zu ihrer Arbeit wie zu einem Rendezvous. Träger, Aufsichtsbeamte und Schaffner trugen Uniform, elegant wie Luftwaffenpiloten. Selbst zu dieser frühen Stunde arbeiteten im Bahnhof Maler wie verrückt. Alle schienen von der fixen Idee besessen zu sein, niemals dürfe man sich beim Nichtstun ertappen lassen – ein Verhalten, das in seiner Gleichförmigkeit ebenso merkwürdig ist wie sein Gegenteil, das man andernorts antrifft.
Als mein Warschauer Wagen eintraf, war er mit Zweiter Klasse und Dritter Klasse ausgezeichnet, und man erklärte mir, eine offizielle Erste Klasse gebe es nicht, aber die Zweite Klasse sei in Wirklichkeit Erste Klasse, obwohl sie formell als Zweite bezeichnet werde (und übrigens sei die Dritte folglich die Zweite Klasse). In meinem bequemen und überheizten Abteil durchquerte ich bei Tageslicht ein Stück Deutschland mit Nadelwäldern und Hopfenstangen, eine säuberlich in Bänder aufgeteilte Landschaft, die gestreift war wie das mittelalterliche England. Vor Nürnberg verdunkelte sich der Himmel, und es begann zu schneien. Einer nach dem anderen nahmen die amerikanischen Offiziere ihr feldgrünes Gepäck auf und verließen uns. Der Speisewagen wurde abgehängt. Die Zahl der Wagen unseres Zugs nahm rapid ab. Wir näherten uns der Tschechoslowakei.
Die Formalitäten an der deutschen Grenze in Schirnding wurden rasch und angenehm abgewickelt. Niemanden schien das Wohin und Warum unserer Reise zu interessieren. Es blieb gerade noch Zeit, sich ein letztes deutsches Bier zu kaufen. Vom ländlichen Bahnsteig winkten junge Mädchen

unter lustigen Zurufen. Dann kroch der jetzt so klein und still gewordene Zug langsam ostwärts zwischen flachen, hier und da mit Schnee bedeckten Böschungen dahin; die Landschaft war dunkel, naß und voller Birken, und ich erwartete aufgeregt das Nahen der kommunistischen Grenze. Als sie kam, enttäuschte sie mich nicht.
Zunächst zeigte sich hinter den Kohlfeldern ein breites Band von Panzerfallen, im nassen Schneetreiben schwarz wie Lakritze. Dann hohe hölzerne Wachtürme, die mit gespreizten Beinen in starren Abständen den Horizont säumten, drohende Beobachter, die untereinander grimmig Rat hielten. Dann tauchte aus dem Nirgendwo, pelzig wie Kaninchen, ein Dutzend Soldaten auf, die neben dem Zug hertrabten. Mit Kopfbedeckungen nach russischer Art und gesteppten Mänteln sahen sie wie putziges Kinderspielzeug aus, nur hatten sie blitzende Maschinenpistolen in der Hand. Der Zug hielt auf einem verwahrlosten Bahnhof, schieferdunkel und voller Unkraut wie eine ländliche Haltestelle in Wales. Wir waren in der Tschechoslowakei. Die Soldaten nahmen ihre Posten zu beiden Seiten des Zuges ein und beobachteten die Fenster. In den Abteilen war alles still. Es folgte ein großes Schweigen, und eine Weile passierte gar nichts.
Während wir warteten, spähte ich durch die beschlagenen Scheiben, um zu sehen, was sich erkennen ließ. Auf den Nebengleisen standen große schwarze Maschinen, an deren Schornsteinen rostige rote Sterne befestigt waren. Es gab ein paar schweigende Militärbaracken, so schäbig und unwirtlich wie überall in der Welt. Die Bahnsteige bestanden aus nassem, schlammigem Kies. Nirgends gab es Kioske, Buffets, Zeitungsverkäufer, Geldwechsler oder den sonst an Grenzübergängen üblichen Betrieb. Ich sah einen Trupp von etwa vierzig Frauen über ein morastiges Feld marschieren. In der Ferne stand rötlich leuchtend ein verfallenes Bauernhaus. Die einzigen neuen und auf Glanz gebrachten Gegenstände in Sichtweite waren die Bajonette und Maschinenpistolen der Wachmannschaften.

Plötzlich waren die Paßkontrolleure da, elegant wie Gardeoffiziere, höflich wie Oberkellner, sich verbeugend, salutierend und aller Sprachen mächtig. Sie schauten unter die Sitze, nahmen unsere Pässe mit sich fort und kamen zwei Stunden lang nicht wieder.

Schließlich fuhren wir bei zunehmender, nebelfeuchter Dunkelheit aus dem Bahnhofsgelände. Wir durchquerten die Tschechoslowakei in der Dunkelheit, und diese Dunkelheit ist auch meine Haupterinnerung. So oft wir in großen Städten hielten, wirkten Stadt und Bahnhof schlecht beleuchtet und verlassen, als herrsche Kriegszustand.

Gegen neun kamen wir in Prag an, aber die Straßen waren leer, jedermann schien schlafen gegangen zu sein, und außer den Sternen im Fluß war nichts zu sehen. Wir hatten hier drei Stunden Aufenthalt, und man sagte mir, ein Funktionär werde mich abholen und mit mir essen gehen.

Ich stieg aus mit einem Gefühl der Verlassenheit und großen Ferne. Der Bahnsteig leerte sich, und ich blieb allein mit einem kleinen Mann im dunklen Anzug, der mich nicht beachtete. Eine Zeitlang gingen wir auf und ab, dann hörte ich ein Luftschnappen: »Äh – Mr. Lee?« Ja, sagte ich, und der kleine Mann pfiff vor Überraschung, seufzte dann und gab mir die Hand.

Wir gingen in ein nahegelegenes Hotel und aßen dort. Mein Begleiter sagte, er habe bereits gegessen, aß aber trotzdem noch einmal. Er war, wie ich im beleuchteten Hotel sah, ein schmächtiger junger Mann mit sehr hellen Augen und einem verzweifelten Lächeln. Er schien sich sehr unbehaglich zu fühlen, klopfte mit den Füßen und trommelte unaufhörlich mit den Fingern. Wir bekamen Gänsebraten mit Knödeln, Pilsener Bier und Eis zum Nachtisch. In seinem unmelodischen Englisch bemühte sich der Mann sehr, von Kultur zu sprechen. Gegen Ende der Mahlzeit fragte ich ihn, was aus Jiri Mucha geworden sei, dem tschechischen Dichter, der vor ein paar Jahren aus London nach Prag zurückgekehrt sei und von dem man seither nichts gehört habe. (Er war nur vorübergehend verschwunden.) Auf meine Frage hörte er

abrupt auf zu zappeln und sah mich in ausdruckslosem Schweigen einen Augenblick an. Dann sagte er: »Mucha? Mucha?« und fuhr mit der Fingerspitze über das Tischtuch. »Wissen Sie, das ist sehr interessant. ›Mucha‹ ist unser Wort für ›Fliege‹.«
Ich fragte nicht weiter, und wir gingen zurück zum Bahnhof. Der Zug nach Warschau war vollgestopft mit robusten jungen Männern. Ich wußte, daß ich die ganze Nacht würde aufbleiben müssen, aber es war nicht einmal ein Sitzplatz frei. »Machen Sie sich keine Sorge«, sagte mein Begleiter. Er stieß eine Abteiltür auf und wandte sich in ruhigem, eiskaltem Ton an die Reisenden drinnen. Ich verstand die Worte ›Delegierter‹ und ein ›Dichter‹. Unverzüglich sprangen alle auf. Ich suchte mir einen Eckplatz aus und setzte mich hin. Der Vertriebene winkte mir fröhlich zu, sagte »Sleep well, Johnny«, ging hinaus und setzte sich in den Gang. Doch ich schlief schlecht, denn die übrigen Mitreisenden aßen, entweder aus Gewohnheit oder absichtlich, die ganze Nacht hindurch Äpfel.

Polen lag am nächsten Tag in einem grauen Schleier dahintreibenden Schneeregens. Ich hatte eine Schlaftablette genommen und sah deshalb nicht viel davon. Dunkel erinnere ich mich, daß die Landschaft unfreundlicher wurde; flache, durchweichte Felder, düstere, von Wald umringte Dörfer, Hütten mit Strohdächern, auf denen Unkraut wuchs, Bauern auf schlammigen Wegen, die vor dem Wetter den Kopf einzogen, dampfende Pferde vor langen vierrädrigen Wagen; dicke Frauen in Hosen, die in den Bahnhöfen und an den Bahnübergängen Dienst taten.
Dann kamen wir nach einem langen, verdämmerten zwielichtigen Tag in Warschau an. Ich erwartete Ruinen und sah statt dessen eine Großstadt. Die langsame Einfahrt in den Bahnhof führte uns durch die regendurchweichten Vororte, die dicht bevölkert, aber seltsam ungeformt waren. Mir fiel sofort auf, wie unberührt die Straßen von allem Geschäftsleben waren. Fabriken, Wohnblocks, öffentliche

Gebäude erhoben sich rechtwinklig aus dem Vorstadtschmutz. Aber keine Reklameflächen, keine Läden, keine Kinos, Tankstellen oder gemütliche Cafés. Keine Personenwagen – nur Lastautos und ein Durcheinander von Fußgängern auf den Straßen. Und in regelmäßigen Abständen längs der Bahnstrecke handgemalte Sprüche auf Holztafeln, die allerdings ziemlich abgenutzt und abgeblättert waren.
Auf dem Warschauer Bahnhof empfing mich eine Abordnung zur Begrüßung – aber wir erkannten einander nicht gleich. Es war fast so wie in Prag. Der Bahnsteig leerte sich, und ich ging auf und ab. An der Sperre standen vier Frauen, rundlich, in Regenmänteln, mit Kopfbedeckungen, die wie Badekappen aussahen. Sie liefen vor Aufregung nervös hin und her, spähten angestrengt auf den Bahnsteig, und als sie sahen, daß sonst niemand aus dem Zug stieg, entschieden sie, daß ich wohl derjenige welcher sein mußte.
Nun stellten sie sich vor. Zwei waren amtliche Gepäckträgerinnen, und sie stürzten sich auf meine Koffer. Eine war meine Dolmetscherin. Die ältere war eine berühmte polnische Schriftstellerin, die dazu auserwählt worden war, mich mit einer persönlichen Begrüßung zu ehren. Doch sie machte kurzen Prozeß mit mir; sie erklärte mir, daß ich verspätet ankäme, fuhr schweigend mit mir in mein Hotel, gab mir die Hand so brüsk wie eine enttäuschte Heiratsvermittlerin und verschwand dann, um sich nie wieder sehen zu lassen.
Das größte Hotel Warschaus war dazu ausersehen, die ausländischen Gäste zu beherbergen. An der Außenseite stand in großen Buchstaben ›Hotel Bristol‹, aber man sagte mir, der Name sei inzwischen geändert worden. Von der granatsplitterzernarbten Fassade flatterten Fahnen aller Nationen. Die große Halle war dunkel und voll von vierschrötigen, zottigen Männern in Kappen und wattierten Mänteln, die ich anfangs für Agenten oder Geheimpolizisten hielt, die aber, wie sich später herausstellte, Taxichauffeure waren.
Als erstes mußte ich am Empfangstisch des Mickiewicz-Komitees meine Unterschrift leisten. Sie hießen mich form-

vollendet und herzlich willkommen. Man gab mir ein Büchlein mit Essensbons für eine Woche, einen Ermächtigungsschein für zwei kostenlose Auslandstelefonate, einen Führer durch Warschau, einen Führer durch das Leben und das Werk Mickiewiczs und einen diskreten weißen Umschlag mit einem Packen Zlotyscheine, die ich ausgeben konnte.

Doch ich war seit drei Tagen unterwegs; vor lauter Müdigkeit, Mitleid mit mir selbst und dem Gefühl, in der Fremde ausgesetzt zu sein, brachte ich kaum ein Wort heraus. Ich wollte nicht einfach nur ein weiterer geehrter, aber sich selbst überlassener Gast sein, den sie auf ihrer Liste abhaken; ich wünschte mir eine engere Verbindung und fühlte mich einer besonderen Fürsorge bedürftig. So erklärte ich ihnen, ich sei nicht so robust, wie ich aussähe. Ich sei vielmehr sehr zart, der geringste rauhe Luftzug könne mich umwerfen.

Das Komitee sah mich zuerst überrascht an. Dann besannen sie sich auf ihre Pflichten. Ihre Augen wurden mild; sie begannen einander Befehle zuzuwinken. Ehe ich wußte, wie mir geschah, trugen sie mich die Treppe hinauf, brachten mich in einem Zimmer unmittelbar neben einem Raum für Erste Hilfe unter, stellten mich der hübschen jungen Schwester vor, rückten ihr Bett dicht an meine, meines dicht an ihre Wand und sagten mir, ich solle nur an die Tapete klopfen, wenn ich ihre Hilfe brauchte. Es war ein Arrangement, das wie ein Zauber wirkte und mir anhaltendes Vertrauen und Behagen vermittelte.

Inzwischen hatte meine Dolmetscherin, eine reizende blauäugige, aber ziemlich spröde junge Frau, mir Tee und Abendbrot kommen lassen, und sie blieb bei mir, während ich aß. Dabei erklärte sie mir, sie betrachte es als ihr beglückendes Vorrecht, während der Zeit meines Aufenthalts in Warschau an meiner Seite zu bleiben. Überhaupt werde sie mich niemals verlassen, das sei ihr eine Ehrenpflicht. Sie lächelte strahlend, und ich begann mich wieder aufzurappeln. Wir sahen einander eine Weile schweigend an, während jeder überlegte, was sich möglicherweise aus diesen ihren

Pflichten entwickeln könnte. Gleich darauf fing sie an, mich über meine Arbeit zu befragen, und machte sich Notizen von meinen Antworten. Als ich ›Lyrik‹ sagte, runzelte sie die Stirn und rümpfte die Nase. Als ich aber hinzufügte, ich hätte ein Theaterstück über John Balls Bauernaufstand geschrieben, atmete sie tief auf vor Freude. »Ist es progressiv?« fragte sie. »O ja«, sagte ich. »Wir werden es sofort übersetzen lassen«, erklärte sie. Ihre Augen glänzten, während ich unbehaglich zur Seite sah. Ich glaube, wir sind einander nie näher gekommen als in diesem Augenblick. Freilich erwiesen wir uns bald alle beide als treulos. Sie war enttäuscht über meine Vorliebe für Wodka und über meinen – wie sie es nannte – »Mangel an kultureller Ernsthaftigkeit«. Und ich muß sagen, daß ihre nachmalige Begeisterung für einen trockenen amerikanischen Professor mich schrecklich ärgerte.

Am nächsten Morgen frühstückte ich munter um neun – Schweinebraten und zwei Eier, Marmelade, Semmeln und Kaffee. Meine Dolmetscherin saß blank wie frisch gewaschener Salat neben mir. Ihr Kollege gesellte sich zu uns, ein junger Mann von melancholischem Humor, der im Kulturpalast arbeitete. Er erklärte mir, seine Lieblingslektüre sei Webster's Dictionary, und sein – allerdings fließendes – Englisch war tatsächlich mit vielen unüblichen, altertümlichen Ausdrücken gespickt.

Während ich so dasaß, erwärmt von der ungeteilten Aufmerksamkeit beider, genoß ich es wieder, Fremder zu sein. Mir war zumute wie jemandem, der eine verbotene Grenze nach Tibet überschritten und sich mit den Mönchen angefreundet hat. Die morgendliche Helligkeit fallenden Schnees schien durch die Fenster, das Wispern und Schnalzen der slawischen Sprachen, die rings um mich gesprochen wurden, raschelte wie Zikaden. Ich war nun doch froh, daß ich der einzige einsame Reisende aus England war. Da fuhr mir ein Schreck in die Glieder. Still für sich an einem entfernten Tisch saß, in die Lektüre eines Buches vertieft und geduldig auf sein Frühstück wartend, Graham Greene.

Mein Hochgefühl war wie weggeblasen. Ich entschuldigte mich bei meinen Gastgebern und ging hinüber, um mit ihm zu sprechen. Er empfing mich mit distanzierter Freundlichkeit, als befänden wir uns im Savile Club. Er sah frisch und wohl aus. Als privatem Gast polnischer Katholiken hatte man ihm ein Zimmer in dem Hotel gegeben, billigte ihm aber die Essensbons der Staatsgäste nicht zu. Deshalb wartete er schon eine Stunde auf sein Frühstück und meinte, er werde es wohl nicht eher bekommen, als bis wir verhätschelten Dichter alle bedient seien. »Eigentlich sollten Sie doch jetzt alle schon in Sitzungen oder so was sein?« sagte er ziemlich gereizt. Während wir noch sprachen, kam sein Frühstück; ein Glas gekühlter Wodka und zwei Semmeln. Er schob die Semmeln beiseite und trank den Wodka. »Seit ich hier bin, lebe ich von nichts anderem«, sagte er. Ich freute mich, ihn zu sehen, war aber doch ernüchtert und ein wenig enttäuscht. Ausgerechnet hier – und nach all den Strapazen, die ich durchgemacht hatte. Das hieß, eine Everestbezwingung mit Tensing teilen müssen.

An jenem Morgen gab es ein großes Durcheinander in der Hotelhalle. Die Dolmetscher-Führerinnen in ihren Regenmänteln und Badekappen eilten mit geröteten Gesichtern hin und her. Dichter wurden in getrennte Sprachgruppen zusammengetrieben – ein halbes Dutzend Lateinamerikaner, ein halbes Dutzend Ostdeutsche, ein paar vom Balkan, ein Sortiment Skandinavier und ich. In ungewisser Erwartung standen wir in der dunklen Halle und starrten auf die doppelten Vorhänge, die uns vom Licht und der Kälte der Straße trennten. Und während man darauf wartete, daß die letzten verspäteten Barden aus ihren Betten geholt wurden, fragten wir uns, welches der beiden großen Geheimnisse uns zuerst enthüllt werden würde – Mickiewicz oder die Stadt Warschau? Letzteres, wie sich zeigte. Der Dichter blieb vorläufig noch auf Eis gelegt.
Eine Armada grauer Dienstwagen fuhr uns rasch durch die breiten matschigen Straßen. Wir sollten einen Vortrag der

Stadtarchitekten hören. Sie zeigten uns drei große feierliche Karten: Warschau, wie es 1939 war – ein wirres Mosaik aus gelben Rauten; Warschau 1945 – total zerstört; dann Warschau, wie es war und sein würde – das Mosaik mit Rotstift geordnet und durchschnitten von breiten Nord-Süd- und Ost-West-Boulevards; ausgenommen blieb nur ein einziges urwüchsiges Durcheinander, das sich gegen Norden hin erhalten hatte. Auf diesen Stadtteil kam die Vortragende in blumigem Französisch zuletzt zu sprechen. »Als moderne Architekten wollen wir, wie Sie begreifen werden, nur Neues, Zeitgenössisches oder Zukunftweisendes bauen. Aber wir hielten es doch für notwendig, der Nostalgie und den Gefühlen der nicht mehr ganz Jungen ein Zugeständnis zu machen, indem wir einen Teil der Altstadt historisch getreu wieder aufbauten.« Und ihr Lächeln bat uns um Verzeihung.

Später fuhr ich mit meinen beiden Begleitern durch die tauende, regendurchwehte Stadt. Recht mürrisch saßen sie jetzt lethargisch da und machten den Mund nur auf, wenn ich sie etwas fragte. Und doch war diese Fahrt mit den Gedanken, die sie in mir wachrief, mein bewegendstes Erlebnis in Polen. Wir fuhren etwa drei Stunden lang in gewundenen Bahnen die großen Boulevards hinauf, schlängelten uns durch die neue Altstadt, überquerten die düsteren Flächen des eingeebneten Gettos und kamen an dem recht gewöhnlichen himmelhohen Palast für Kultur und Wissenschaft vorbei, den die Russen gebaut hatten. Wir fuhren durch Parks, um Fabriken herum, am Parteigebäude vorbei; sahen uns die staatliche Papierfabrik an, die so groß war wie Olympia, und besuchten mehrere Denkmäler. Doch nur langsam stimmten sich meine vom Westen geprägten Sinne auf das ein, was ich da sah. Nackt, steif, unvollendet und zeitlos in ihrem Anblick, war diese Stadt, die sich von Horizont zu Horizont dehnte und schon Heimat für mehr als eine Million Menschen war, dennoch eine der jüngsten Städte der Welt. Jedes Gebäude, das man sah, war neu, gleichviel, welchen Stil es zeigte, und jeder Mensch auf der

Straße – Büroangestellter, Taxifahrer, dicke Hausfrau oder hübsche Studentin – alle hatten sie eine Geschichte zu erzählen, die so tief durchtränkt war von grausigem Erleben, daß wir uns noch immer keine Vorstellung davon machen können.

Es gibt nur noch zwei andere Städte in der Welt, die erfahren haben, was Warschau erfuhr. Die Zerstörung von Hiroshima und Nagasaki dauerte dank der Überlegenheit der Supermaschinerie nur etwa dreißig Sekunden. Warschau erlitt ein altmodischeres Schicksal – es bedurfte einer sechsjährigen Okkupation durch die Feinde, um ihm den Garaus zu machen. Doch das Ergebnis war nicht weniger perfekt. Villen, Mietshäuser, Schulen, Theater, Palais, Bibliotheken, Geschäfte; ob barock oder mittelalterlich, ob feierlich oder freundlich, anmutig oder ärmlich, alles war durch Bomben und Granaten, Flammenwerfer und Sprengungen, nach und nach und nicht nur in der Hölle des Kampfes, ausgelöscht, und die Bevölkerung war erschossen oder vertrieben worden.

Das alles ist bekannt, aber das alles muß man sich im heutigen Warschau ins Gedächtnis zurückrufen. Auch jene letzten Monate des Jahres 1945, als die Einwohner Warschaus, aus ihren Gefangenenlagern entlassen, zurückströmten, um sich ihrer Stadt wieder zu bemächtigen. Sie suchten Warschau und fanden nichts. Nichts als eine flimmernde Wildnis aus Ziegeln mit dem widerlichen Geruch der Toten. Hier und da am Rande vielleicht ein schmächtiges hungriges Haus, wie ein Fetzen Fleisch an einem ausgebrannten Skelett. Sonst nichts. Nichts, was menschlich war, woran man sich erinnern konnte oder was sich als Stadt erkennen ließ. Keine Dächer und kein Glas, keine Decke und kein Feuer, keine Tische, Altäre, Bücher und kein Brot, keine Frauen, Kinder, Pferde, kein Federvieh. Es gab keine Überlebenden in dieser zerstörten Stadt. Die Flüchtlinge kehrten zurück – ins Nichts. Sie scharrten zwischen dem gezackten Schutt der Ziegel und fanden die Straßen. Sie scharrten weiter und fanden die Keller der Toten. Und dort hausten sie eine Weile.

Zuallererst gingen sie daran – als müßten sie die eigene und Warschaus Identität wiedergewinnen –, in allen Einzelheiten genau die Plätze und gewundenen Gassen der Altstadt wiederaufzubauen. Ein großer Teil dieser Arbeit ist bereits vollendet, ein Wunder an Liebe und Geduld. Nach alten Photographien und Zeichnungen wurden mehrere hundert Häuser genau so wiederaufgebaut, wie sie dastanden, ehe die Zerstörer sie in die Luft sprengten. Es ist ein merkwürdiges Gefühl, wenn man heute durch diese Straßen geht. Die Geister der im Krieg Getöteten könnten sich, kehrten sie jetzt zurück, zwischen diesen Häusern sofort zurechtfinden. Im frostigen Sonnenlicht funkeln sie in all der Farbe und Vergoldung ihrer barocken Pracht, echt vom flämischen Dach und Giebel über die Mauern, bemalt mit Trauben, Eberjagden, Minnesängern und tanzenden Bauern, bis hinab zum gewölbten und beschlagenen Tor aus altem Holz mit den schmiedeeisernen Lampen darüber. Es ist eine architektonische Wiederauferstehung, eingehüllt in einen Schleier der Gefühle – es ist, als hätten wir nach dem Großen Brand die City von London mit ihren Tavernen, Bordellen und allem anderen getreu wieder aufgebaut. Nur eines fehlt – der Atem menschlichen Lebens von damals, der diese makellosen Mauern beseelen könnte. Denn wenn auch viele der Gebäude von privilegierten Familien bewohnt sind, so wirken sie doch noch kalt wie Museen.

Die Altstadt ist eine nostalgische Enklave und stellt nur einen kleinen Teil des heutigen Warschaus dar. Man hat jedoch auch sonst beim Wiederaufbau vielfach Vergangenes berücksichtigt. Breite Straßenzüge mit regelmäßigen Häuserfronten wurden neu geschaffen, manche in einem merkwürdigen georgianischen Stil, andere genau so, wie Canaletto sie gemalt hatte. Dann gibt es auch solche mit der unverbindlichen Poker-face-Architektur aus Beton und Glas, wie sie der Westen pflegt. Im großen und ganzen jedoch spricht eher Nostalgie als Zweckmäßigkeit aus dem Wiederaufbau dieser Stadt, und man kann das Warschau von heute, wie es da auf seiner eigenen Asche, einem glattgewalzten Geschiebe

aus Ziegelsteinen und Knochen steht, das zu beseitigen zu lange gedauert hätte, nicht ohne Rührung betrachten.
Meine Rundfahrt endete am Ufer der Weichsel. Wir saßen im Auto und starrten über den trägen, regengestirnten Fluß – er ist nicht viel breiter als die Themse in Battersea – und sahen das niedrige Ufer, an dem die Rote Armee während der drei Monate des Infernos des Warschauer Aufstands Gewehr bei Fuß stand und zusah, wie die Stadt vollends unterging. Wäre es nach dem bekannten Muster der Filme aus Hollywood und Rußland sowie der Partisanenlieder gegangen, so hätte die russische Armee, als sie sah, wie sich in Warschau das Volk erhob und zu den Waffen gegen seine Bedrücker griff, wie ein Sturmwind über den Fluß herüberfegen und Hilfe bringen müssen. Doch sie unterließ es. Die Warschauer, von der Nähe der Russen ermutigt, erhoben sich und kämpften gegen die Deutschen mit allem, was ihnen in die Hand kam. Die Deutschen mähten sie mit Maschinengewehren nieder. Die Leute retteten sich in das Kanalnetz, wurden ausgehungert und wieder niedergemacht. Inzwischen wurde, was von der Stadt noch übrig war, Straße um Straße gesprengt. Und die Rote Armee saß jenseits des Flusses und sah zu.
»Was war passiert?« fragte ich meine Führer.
Das Mädchen schwieg. Die Stimme des jungen Mannes, die sonst so nonchalant und keck klang, kam jetzt wie in Trance, stockend und feierlich.
»Der Warschauer Aufstand war verfrüht«, sagte er. »Die Führer waren Verräter. Sie gaben das Zeichen zum Aufstand, ohne sich mit den Generälen der Roten Armee zu beraten, weil sie nach dem Krieg die politische Führung übernehmen wollten. Das polnische Volk verachtet sie als Opportunisten und Karrieresüchtige. Die Rote Armee konnte ohnehin nicht helfen – ihre Nachschublinien waren viel zu ausgedehnt.«
»Warum wurde keine Hilfe eingeflogen?«
»Ach, das war ja die Schwierigkeit. Der Aufstand war viel zu aufgesplittert – ein Gruppe Polen, eine Gruppe Deutsche,

dann Polen, dann wieder Deutsche und so weiter. Der Nachschub war in die Hände der Hitlerleute gefallen.« Er schenkte mir ein mildes Lächeln. »War nicht zu machen, verstehen Sie?«

Bis zum Abend hatte man die meisten der Gäste aus aller Welt beisammen, und als wir uns zum Essen niedersetzten, füllten wir einen ganzen Speisesaal. Wir unterzogen einander einer genauen Musterung, es war wie am ersten Abend auf einem Ozeandampfer. Hier gab es Dichter aller Art, weißmähnige Russen, turbangeschmückte Pakistani, Bulgaren in leuchtenden Blusen, schlitzäugige Jugoslawen, steife Holländer, glatte Schweden, knorrige Norweger; französisch sprechende Spanier, deutsch sprechende Hindus, englisch sprechende Amerikaner und Chinesen, die alles sprachen.
Mir hatte man an meinen Tisch zwei Professoren von berühmten Universitäten der Vereinigten Staaten gesetzt. Sie waren eben mit verschiedenen Flugzeugen eingetroffen und äußerten eine fast hysterische Freude, einander zu begegnen. Sonja, die Dolmetscherin, saß mit ernstem Gesicht zwischen ihnen, während sie sich über sie hinweg unterhielten. Ihre ratlosen blauen Augen glitten rhythmisch hin und her, als verfolgten sie ein Tennismatch.
»Sind Sie auf dem Flugplatz photographiert worden?« fragte einer den anderen. »Junge, Junge, ich schon. Und Nelken gab's auch. Ha ha! Und im Rundfunk kommen Sie auch, o ja. Alles komplett. Aber im übrigen« – hier wurden die Stimmen leiser – »mit den Betten ist das so eine Sache. Da möchte ich Sie schonend vorbereiten. Die Matratzen zum Beispiel...«
Nach ein paar Tagen lösten sich die Dichter allmählich aus ihren Sprachgruppen und mischten sich ein wenig. Unsere freundlichen Dolmetscherinnen waren wie Kindermädchen, und es fiel schwer, sich ihrem festen Zugriff zu entziehen; doch wir schafften es schließlich. Mein erster Durchbruch in die Freiheit führte mich in die Altstadt, wo ich eine Kneipe

suchte. Es gab keine. Ich trank ein Bier am Tresen eines staatlichen Lebensmittelladens, aber das war dick und süß wie Sirup und kostete sieben Schilling (offizieller Tauschkurs). Schließlich gelang es mir in einer Weinhandlung in einer Seitenstraße mittels vieler dramatischer Gesten eine alte Dame dazu zu überreden, mir eine Flasche Wodka gegen eine kleine Dose Nescafé einzutauschen. Sie war sehr angetan von diesem Tauschgeschäft, und wir behielten dieses Arrangement während meines ganzen Aufenthalts bei.
Im Verlaufe dieser Exkursionen stieß ich auf die massige Erscheinung des tschechischen Dichters Nezval, und wir gingen nebeneinander durch den Schnee, obwohl wir uns in keiner Sprache verständigen konnten. Weiter traf ich einen ägyptischen Senator und Richter, der außerdem einen britischen Orden trug und Dramen in Versen schrieb (und als ich Sonja später sagte, was er sonst noch alles war, erschrak sie sichtlich). Ich spazierte und unterhielt mich mit einem adretten Chinesen, der den gleichen Namen hatte wie ich, und ich tauschte Zitate mit einem Hindu aus. Doch meine Lieblinge waren die Lateinamerikaner, die niemals ihre persönliche Vorstellung vom Festefeiern aufgaben. Kehrten wir zermürbt von einem vierstündigen Vortrag zurück, so sagten sie zu mir: »Komm, Dichter, gehen wir hinauf, wir machen einen bunten Abend.« An einem mit Flaschen beladenen Tisch bekämpften sie dann die Kälte mit andalusischen Zurufen. Der Chilene Neruda rief, von Staunen überwältigt, ›Pan Tadeusz!‹, und zog dann sein Jackett verkehrt herum an, um es behaglicher zu haben. Der Kubaner Guillen sang indianische Lieder. Rafael Alberti füllte unsere Notizbücher mit Zeichnungen lichtumstrahlter Kämpfer, und seine frühreife, aber wunderschöne vierzehnjährige Tochter Aitana steckte mir Gedichte in englischer Sprache zu und klagte: »Ich weiß zuviel... Ich kann nur mit Engeln sprechen.«
Mit dieser spottlustigen, warmherzigen Gruppe war ich viel zusammen, aber Sonja mißbilligte das schließlich. »Möchten Sie denn nicht ein paar polnische Schriftsteller kennenler-

nen?« fragte sie mich streng. Ich sagte doch, das wolle ich und schrieb ihr eine Anzahl Namen auf. Sie steckte sie in ihre Tasche und sagte, sie werde sofort eine Begegnung in die Wege leiten. Aber es hat sich nie einer von ihnen gezeigt.
Aber Mickiewicz? Was kann ich von Mickiewicz sagen? Als ich nach Warschau ging, wußte ich nichts von ihm – zumindest nichts über den Dichter. Eine Woche lang war Mickiewicz die Parole unseres Daseins. Unsere Zimmer waren voll von Hinweisen auf ihn. Sein Bildnis mit dem hageren Gesicht und wehenden Haar war auf den Plakaten überall in der Stadt zu sehen. Wir hörten lange Vorträge über ihn. Wir nahmen an der offiziellen Eröffnungsfeier seines Museums teil (wo ein deutscher Gelehrter einen Schuh verlor und vor den Kameras der Wochenschau flach aufs Gesicht fiel). Das Museum war angefüllt mit heroischen Skulpturen, Gemälden, Totenmasken und Erstausgaben in russischer Sprache. Im Theater erlebten wir sein handlungsarmes fünfstündiges Stück ›Totenfeier‹. Schließlich hörten wir in dem wie Zuckerbäckerei glitzernden Festsaal des Kulturpalastes in Anwesenheit der gesamten Staatsführung zwölf internationale Kapazitäten, die in sieben Sprachen ihre Reden zu Ehren des Toten hielten. Er war ein Patriot, die Seele Polens, ein revolutionärer Sozialist, ein bedeutender Staatsmann, ein Partisan der Freiheit, ein Verbannter und ein Märtyrer. Aber ich kann mich nicht erinnern, je gehört zu haben, was für eine Art Dichter er war, und es ist mir auch nie gelungen, das herauszubekommen.
Doch als ich dort saß im Scheinwerferlicht auf den brokatbezogenen Ehrensitzen, in dem großen Saal zusammen mit den offiziellen Machthabern und umringt von vielen tausend atemlosen Bürgern, jungen und alten, konnte ich mich im Verlauf der Stunden doch eines Gefühls der Rührung und Verwunderung nicht erwehren, daß dem Andenken eines Dichters, gleichviel, wie tot oder wie gut er war, soviel Ehrerbietung und eine solche nationale Fermate dargebracht wurde. Ich begann, diese feierliche Zeremonie mit

den einigermaßen bedeutenden literarischen Anlässen zu vergleichen, wie wir sie manchmal in England haben – das Foyle's Luncheon, das PEN Club Dinner, das Jahrestreffen der Royal Society of Literature und die verstohlene alljährliche Eröffnung des Shakespeare Memorial Festival durch einen sprachlosen Bürgermeister. Hier im Kulturpalast von Warschau, der weit und hoch war wie ein Dom, sah ich mich um, holte tief Atem und blies mich auf. Der Parteisekretär, der Ministerpräsident, alle die Großen des Landes saßen stumm und gebannt und starrten hinauf zu dem meterhohen Porträt des Dichters und den glänzenden Schädeln der literarischen Figuren, die wie Götter auf dem hohen Podium saßen. Für diesen einen Augenblick hatte man uns von den Enden der Welt herbeigeholt, unter Übernahme aller Kosten; man hatte uns pompös untergebracht, gehätschelt und umschmeichelt und ehrfurchtsvoll behandelt. Wir waren im Besitz mächtiger Geheimnisse, jeder einzelne von uns Teilhaber an der Unsterblichkeit Mickiewiczs. Hier, dachte ich, wenn nirgends sonst, hat die Feder das Erbe der Erde angetreten.

Erst als die Lichter gedämpft wurden, die Kameras der Wochenschau verschwunden waren und die Festwoche ihrem Ende zuging, entdeckte ich allmählich, warum das alles geschah. Ich kann mich irren, aber es kam mir doch recht einfach vor. War es nicht so, daß Polen, dessen Identität durch heiße Machtexplosionen entweder von Deutschland oder von Rußland her ständig von der Zersprengung bedroht war, eine bedeutende Figur, einen nationalen Mythos suchte; und überdies jemanden, der, obwohl in jeder Hinsicht Pole, einen langen Abschnitt seines Lebens von jenem Teil der westlichen Welt gehegt und beschützt worden war, dem sich Polens Gefühle instinktiv zuwenden? Der Schatten Rußlands war immer nah und lastend gewesen. Es mußte jemand gefunden werden, der unverdächtig frei davon war. Also fiel die Wahl ganz selbstverständlich auf Mickiewicz, den Verbannten und mystischen Patrioten, den romantischen Dichter, der schon so lange tot war, den Moskau verfolgt und Paris geschützt hatte. Und zur Inthronisation dieses Mannes als Staatsgott, als Urvater Adam, hatte man uns aus der ganzen Welt als Zeugen herbeigeholt. Ich meine, es hätte schlimmer kommen, es hätte ja auch ein General sein können.

An meinem letzten Tag, als die Festlichkeiten schon abebbten, hatte man eine Veranstaltung an der Universität vorgesehen, die für jedermann frei zugänglich war und bei der die geladenen Dichter aus ihren Werken lesen sollten.
Der Festsaal quoll über von Studenten und Studentinnen, deren Gesichter vor freundlichem Entgegenkommen und Jugendspeck glänzten. Unter donnerndem Beifall marschierte ein Dutzend von uns auf das Podium, während Mädchen vorgelaufen kamen und uns mit Winterblumen überschütteten. Zwischen diesen Blumen saßen wir verlegen lächelnd auf dem Podium, während unter uns erwartungsvoll ein Meer von blauen Augen funkelte. Ich hatte noch nie so viele Zuhörer im Namen der Dichtung versammelt gesehen, und wieder wallte in mir jenes Trunkenheitsgefühl empor.
Dann lasen wir nacheinander, jeder in seiner Sprache, ein Gedicht vor. Und fast alle begingen den gleichen Fehler. In der Annahme, jedes Wort werde genauestens verstanden, lasen die meisten Dichter mit jener verschreckten, gehemmten Stimme, die mit Wesen und Darbietung der modernen Dichtung untrennbar verbunden zu sein scheint. Mein Glück war, daß ich als letzter auf der Liste stand, denn mir wurde bald klar, daß die Studenten, die ja dem Sinn nicht folgen konnten, eigentlich etwas ganz anderes wollten: Leidenschaft und Lautstärke. (Beweis dafür war der Erfolg des Kubaners Guillen, der ein Gedicht in einer so federnden und rhythmischen Sprechweise vorlas, daß man darauf hätte tanzen können.)
Dann wurde es noch schlimmer, als sich ein tweedgekleideter, adretter holländischer Dichter erhob und ein Gedicht in englischer Sprache ankündigte – womit er, wie ich fand,

in meinen Bereich übergriff. »Dieses Gedicht handelt von Polen«, sagte er, »und ich habe darin die reizvolle Vorstellung entwickelt, in Polen eine Frau zu sehen.« Mit gedämpfter Stimme und ehrerbietig las er dann ein Gedicht unverblümter, wenn auch kaum erstklassiger Pornographie – »deine Lippen, deine Augen, deine Hüften, deine Schenkel« – und schloß mit dem Nachtrag »Polen soll nie vergehen!« Ich war empört. Wem wollte er da eigentlich etwas vormachen?

Als ich nach diesem Mann ans Pult trat, dachte ich: das muß ich besser machen. Mein Gedicht mochte Sinn haben oder nicht – jedenfalls sollte es nach etwas klingen. Ich packte das Pult mit beiden Händen und brüllte los, was das Zeug hielt. Ich machte mehr Lärm als alle übrigen Dichter zusammengenommen, und als ich fertig war, zitterte ich am ganzen Körper. Ich glaube, ich war noch nie in meinem Leben so gerührt.

Es war Mittag, Zeit zur Abreise nach England, und ich war bereit zum Aufbruch. An diesem Tag gab es, wie an noch zwei anderen Wochentagen, einen Schlafwagen direkt von Warschau nach Paris. Meine Fahrkarte war besorgt, und ich freute mich auf eine bequeme Reise. Doch als ich aus der Universität zurückkam, sah ich im Hotel lange Gesichter. »Wir haben eine schlechte Nachricht für Sie«, hieß es. »Sie können nicht aus Warschau weg. Der Schlafwagen ist defekt.«

An jenem Tag setzten die winterlichen Schneestürme mit Macht ein. »Irgendein Zug muß doch fahren«, sagte ich. »Ich nehme, was da ist.« »Wirklich?« Sie rissen erstaunt die Augen auf und ließen mich stehen, um sich zu besprechen. Gleich darauf kamen die für die Festlichkeiten zuständigen Funktionäre munter und jovial auf mich zu. »Ah, Mr. Lee«, sagten sie. »Wir hören, Sie betrachten die Rückreise nach Paris als sportliches Unternehmen. Ha ha!« Und mit erheblicher Erleichterung schüttelten sie mir die Hand.
Es stellte sich heraus, daß die Reise noch sportlicher wurde,

als selbst sie es erwartet hatten – fünfzig Stunden, fünfmal umsteigen, drei Grenzen und keine Gepäckträger. Zu alledem hatte ich auch noch den Proviant für drei Tage in einem dünnen Karton und einen halben Zentner polnische Bücher zu schleppen, die mit einem Bindfaden zusammengebunden waren. Der Proviant bestand aus einer Gans, einem Pfund Schinken, sechs Gewürzgurken, Butter, Käse, drei Flaschen Sprudel und zwei Dutzend großer roter Äpfel. Quer über das Antlitz Europas kämpfte ich, wenn ich in Schnee und Regen, in Nebel und Dunkelheit aus Zügen heraus und in andere hineinkletterte, einen aussichtslosen Kampf mit diesen Sachen. Auf jedem Bahnhof platzte der Karton und Äpfel und Gurken verloren sich unter den mostpressenden Füßen von Polen, Tschechen und Deutschen. Als dann die Wölfe der Erschöpfung mich allmählich zu fassen bekamen, traf ich eine Auswahl und gab eines nach dem anderen von den dicken schwarzen Büchern preis, die meine polnischen Gastgeber mir geschenkt hatten. Eine fünfbändige Sammlung der Gedichte von X (in polnischer Sprache) wurde anonym dem Bahnhofsvorstand von Prag gestiftet. Zehn Bände Literaturkritik flogen durch ein Toilettenfenster in der Nähe von Petrovice. Die gesammelten Gedanken des Slawophilen Y ließ ich unmittelbar vor Nürnberg in ein paar vorüberfahrende Güterwagen fallen. Was die gesammelten Werke Adam Mickiewicz betraf – fünfzehn Bände in braunem, goldgeprägtem Leder, so trennte ich mich von ihnen auch im Unglück nicht. Das schien mir das mindeste, was ich tun konnte.

Es gibt noch ein paar Dinge, die ich anfügen möchte. Zu den ungeordneten Kleinigkeiten, die mir im Gedächtnis geblieben sind, gehört die Erinnerung an das magere, unscheinbare Zimmermädchen im Hotel, das mich bat, ihr so viele Exemplare von Vogue zu schicken, wie ich nur auftreiben könne. An den rumänischen Dichter, der einen Wahnsinnsanfall erlitt und schreiend das Hotel verließ. An das bleiche, kränkliche Gesicht des expatriierten Engländers, eines ehemaligen Angehörigen des British Council, der jetzt polnischer Staatsbürger ist – erfolgreich und verachtet. An das Kabarett, das uns so zum Lachen brachte mit seiner Kritik am Schlangestehen, an den Beförderungsmitteln und am Kulturpalast. Und die Erinnerung an den polnischen Dichter, der gerade jetzt mit staatlicher Unterstützung eine zweibändige Luxusausgabe seiner Übersetzung der Werke Lord Byrons herausbringt.

Und noch zwei Dinge. Einen großen Teil meiner Rückreise durch Europa machte ich zusammen mit einer jungen deutschen Frau und ihrem Kind. Sie war mit einem Polen in Krakau verheiratet und wollte ihre Mutter in Stuttgart besuchen, die sie neun Jahre lang nicht gesehen hatte. In Cheb, an der tschechischen Grenze, sah ich hundert ältere, schweigende Deutsche mit geröteten, verkrampften Gesichtern in neuen Mänteln und Schuhen sich anstellen, um in den Zug einzusteigen. Es waren politische Gefangene, die repatriiert wurden. Zwanzig Stunden lang unterhielt ich mich mit der polnisch-deutschen Frau; als wir dann schließlich nach Deutschland kamen, weinte sie, wie ich noch niemals jemanden habe weinen sehen. Und die hundert ältlichen Deutschen, die auf ihren Heimatbahnhöfen von Kapellen, Blumen, Pressephotographen und Ehefrauen mit zerfurchten Gesichtern empfangen wurden, wandten sich einer nach dem anderen ab; sie lehnten sich an die Planken und weinten wie wiedergefundene Kinder.

Nachdem ich nun, wenn auch nur kurze Zeit, die beiden Welten habe vergleichen können, aus denen unsere Welt besteht, nachdem ich die ernste, leidenschaftliche und puritanische Zielstrebigkeit der einen empfunden habe und die unverfrorene, geschäftige, warmherzige Jeder-für-sich-Gemütlichkeit der anderen, hege ich jetzt keinen Zweifel, welche ich wählen muß. Aber ich bin keineswegs sicher, ob auch die Geschichte letztlich die gleiche Wahl trifft.

## *Ibiza in den späten fünfziger Jahren*

Man kam mit einem Bummeldampfer hin, der voll war von Beatniks und Deutschen, und es war ein großes Glück, wenn man seinen Platz nicht über der Maschine hatte, die mit einem Brodem von heißem Schmierfett, wie er durch die Kolben ausgehustet wird, die schwankende Reise begleitete. Von Mallorca waren es sechs Stunden, das Meer von Anfang bis Ende öde, und man döste auf einer mit Nieten bestückten Bank vor sich hin. Wir jedenfalls kamen auf diese Weise hin, da wir keine andere Möglichkeit kannten. (Während unserer Reise wurde allerdings ein Behelfsflugplatz angelegt, aber wir erfuhren nichts davon.) Wir trödelten also den ganzen Tag über die hundert Meilen See hin, würfelten und tranken schlechten Wein, und als schließlich die Insel in der Dämmerung auftauchte, war uns, als wären wir am Ende der Welt angelangt.
Ich hatte keine Vorstellung von dem, was mich erwartete, ich wußte nichts von Ibiza, und die jungen Herren aus Palma in ihren blauen Kunstfaseranzügen hatten gehüstelt, als ich sie danach fragte. »Sehr primitiv und unkultiviert«, sagten sie, »sehr rückständig. Keine Autos und nichts los.« Nun lag es vor uns – ein roter Fels wie ein Granatsplitter, öde Landzungen wie aus einem neuartigen Metall, mit ein paar knochenweißen Tempeln auf dem leeren Küstenstreifen, zwischen denen eine Gruppe dunkler Figuren uns beobachtete.
Es sah aus wie ein Ort, den noch niemand aufgesucht hatte, wie etwas, das unbenutzt auf diesen Abend wartete, der Schatten einer lang gehüteten Unterwelt, die noch älter war als das Mittelmeer. Wer waren diese Späher zwischen ihren Tempeln? Was hatten sie für Kleider? Was für Götter? Wir näherten uns langsam dem Kai. Die Einzelheiten traten

immer deutlicher hervor. Es zeigte sich, daß die Späher junge Männer waren, ebenfalls in Kunstfaseranzügen, die Tempel neue Ferienbungalows; und wir konnten nicht landen, bis eine französische Schauspielerin, die sich an Bord befand, dreimal gefilmt worden war, wie sie an Land ging...
Der Hafen von Ibiza, der Hauptstadt der Insel, bietet einen imponierenden, aber wenig freundlichen Anblick – eine geduckte alte Zitadelle, die plump auf einem Felsen kauert und ihr Spiegelbild wie weiße Federn durchs Wasser zieht. Von gelegentlichen Seenebeln abgesehen, hat die Insel eine ungewöhnlich klare Atmosphäre, und wäre Ibiza Griechenland, so würde es wegen seines Lichts gerühmt. Staatsrechtlich spanisch, gefühlsmäßig katalanisch und von Natur aus heidnisch-katholisch, ist es im übrigen nichts als es selbst – und was das ist, hat die Geschichte nie genau umrissen. Generationen von Eroberern haben es wie ein Burgverlies abgeschirmt, in dem sie ihren geheimen Exzessen frönen konnten – es war ein römisches Gefängnis, eine ägyptische Lasterhöhle, eine arabische Schatzkammer, ein Versteck für Piraten, ein flüchtiger Sammelplatz für Napoleons Flotten und im Spanischen Bürgerkrieg kurze Zeit ein Schauplatz mörderischen Geschehens. In den Pausen dazwischen war es gewöhnlich verlassen oder gegen Lösegeld freigegeben, da es kaum mehr zu bieten hatte als Abgeschiedenheit. Und wenn keine Schiffe einlaufen, oder wenn sie sich infolge Sturms oder Trödelei verzögern, gibt es selbst heute noch Zeiten, in denen die Straßen plötzlich still werden und die Stadt reglos aufs Meer hinausstarrt, vorübergehend ihre Preise herabsetzt, einen Absinth zuviel trinkt und sich fragt, ob sie nicht wieder vergessen worden ist.
Doch Ibiza bleibt nie lange vergessen. Es hat gerade das, was wir Ausreißer suchen. Wärme, Sonne, das antiseptische Meer, eisgekühlte Drinks und die billige Peseta. Auch jene schmeichelnde Atmosphäre der mittelmeerischen Dienerschaft, in der jeder Dichtervagabund sich wie ein Byron fühlt. Ist man steuerflüchtig, so hat man's hier behaglich,

und auch wer an Nukleophobie leidet, fühlt sich hier wohl. Für den britischen Touristen gibt es nagelneue Hotels, in denen die Kellner beruhigend unverschämt sind. Für pensionierte Kolonialbeamte gibt es Erinnerungen an den Pazifik und die Eingeborenen, die man bei Sonnenuntergang melancholisch pflegen kann, und für Maler und Schriftsteller Faulheit ohne Reue, dazu mehr Licht und mehr Alkohol für weniger Geld und das Gefühl, mit wichtigen Erlebnissen aufgeladen zu werden.

Es war schon einige Zeit her, daß ich mich auf spanischem Boden befunden hatte, und eine spanische Insel kannte ich überhaupt noch nicht. Wir fanden eine billige *fonda* unten am Hafen und gingen dann, uns die Stadt anzuschauen. Es war spät geworden, und wir hatten keinen Führer, aber wir fühlten uns sofort zu Hause. In der Luft und auf See hatten wir tausend Meilen zurückgelegt, aber wir waren immer noch in SW3. Denn man hatte das mittelmeerische Image – in der Version der King's Road in Chelsea – heimlich wiedereingeführt; um Enttäuschungen zu vermeiden, vermittelte man die beruhigende Überzeugung, daß die einheimische Folklore noch in Blüte stehe. Im Bagatelle-Nightclub, der mit Bambus und Fischernetzen dekoriert war, umarmten sich zwei Blondinen namens Pam. Auf dem Boden, mit dem Kopf in einem Champagnerkübel, fand sich Ronni, à la Simpson als Caprifischer gekleidet. »Ich bin Giles Stoke-Manderville, der Kreuzfahrer mit dem Messingarsch«, murmelte er und lud uns ein, einen Abrieb zu nehmen. Von weiter straßenaufwärts hörte man Geräusche stürmischen Händeklatschens, vermischt mit anglo-andalusischen Rufen – und dort, natürlich, war eine *Casa Pepe* mit einem Gitarrespieler und mehreren Susannen in bunt bedruckten Kleidern. Der Gitarrist, ein hohläugiger Mann vom Festland, spielte mit einem hämischen Grinsen Flamenco, während die nordischen Mädchen sich sanft schwitzend um ihn scharten, Kognak tranken und *Olé!* plärrten.
Wo waren in dieser Nacht die Einwohner Ibizas? Ich stelle

mir vor, daß sie in ihren Häusern hockten. Das hier war nicht Ibiza, es war überhaupt nichts von unserer Erde, sondern etwas, das wie ein Picknick verpackt worden war, eine Vorstellung, die wir mitgebracht hatten, um für Lokalkolorit zu sorgen, falls die Eingeborenen sich als untypisch erweisen sollten. Dieses Nachtleben hätte, abgesehen vom Preis des Kognaks und den unbestimmten Sperrstunden, überall im Zentrum Londons stattfinden können. (Tatsächlich kam auch der Großteil des Managements von dort; man konnte sogar in der Regent Street im Voraus für alles zahlen.) Weiter unten in der Straße lag – gewissermaßen als Konkurrenz – ein von Deutschen betriebener Keller, wo man die deutsche Version Spaniens pflegte. Und ich nehme an, daß so der Tourismus heute aussieht, daß es dahin zwangsläufig mit ihm kommen mußte. Denn je mehr man reist, desto mehr sucht man die Heimat (oder möchte man seine heimatlichen Vorurteile bekräftigt sehen). Bestimmte Chiffren mögen sich erhalten – Pelzmützen, Briefmarken, Ruinen, Kilts, komische Münzen und subventionierte Festbräuche. Aber das Reisen ist heute kaum mehr als eine umständliche Methode, Postkarten und Briefmarken zu sammeln; für alles andere sucht man dauernd Bestätigungen – die Heimatsprache, das von zu Haus gewohnte Essen und Trinken (Bier in Jerez, Gin mit Zitrone in Gerona, Eier auf Schinken in Assisi, Coca-Cola an der Loire), die gewohnten sanitären Einrichtungen, Zeitungen per Luftpost und die garantierte Rückreise mit Cook's.

Waren wir wirklich einmal so naiv, zu glauben, der Tourismus werde Kosmopoliten aus uns machen? Wir stellen jetzt fest, daß wir gar nicht deshalb auf Reisen gehen. Der Tourismus erschafft in Windeseile eine dritte Welt, die weder Heimat noch Ferne ist, ein Niemandsland von posierenden Fischern, von saubergeschrubbten Bauern aus einem Volkskunstmuseum, von präfabrizierter Handwerksarbeit und Pappmachéanmut, von Straßen, aus denen man Schmutz und Armut weggebleicht hat, von einer Shakespearekonjunktur in gleichgültigen Stratfords, Wallfahrtsstätten mit Cocktailanbau und Stierkämpfen, die man für sensationslustige Angelsachsen veranstaltet, während der Spanier insgeheim Fußball spielt. Für viele Länder ist der Tourismus eine Alternative zur Landwirtschaft, weil er selbst unfruchtbare Landschaften grünen läßt. Die Heuhaufen sind hohl, die Milchmädchen aus Wachs, die Blumen aus Plastik und unverwelklich – aber die lukrative Ernte ist nationales Selbstbewußtsein, serviert mit Salaten aus Dollars und Pfunden, künstlich besprüht, damit sie die Nase kitzeln, und für den Farbfilm mit der Spritzpistole behandelt. Wem soll man die Schuld an alledem geben? Soll man überhaupt jemanden beschuldigen? Der Kunde und der Zubringer haben es gemeinsam zustandegebracht. Der Tourist, der, wie sich gezeigt hat, im Grunde ein Standvogel ist, zieht es vor, die Welt nach seiner Vorstellung zu sehen. Und in dem Maße, in dem der Tourismus sich immer reibungsloser entwickelt und wächst, stellt er uns vor die paradoxe Tatsache, daß wir uns in immer mehr Gebieten der Erde zu Haus fühlen, während wir von der Welt immer weniger erfahren.

Trotz alledem ist Ibiza noch nicht gänzlich ausgelöscht; es hat sich noch ein unterirdisches Leben erhalten. Unsere *fonda* am Kai war schmucklos und entgegenkommend und hatte eine Hintertür, die die ganze Nacht offenstand. Man testete seine Nüchternheit, wenn man die steile Treppe zu einem unregelmäßigen Zimmer mit zwei Betten hinaufstieg. Der Raum war weiß getüncht, schlicht und mönchisch, aber kaum zum Ruhen geeignet. Die Fenster hatten keine Scheiben, so daß Mücken und zeitungsblattgroße Motten hereinkamen. Ein Schalter für das elektrische Licht war nicht zu finden, und so brannte es die ganze Nacht hindurch wie in einem Gefängnis. Durch die offenen Fenster drangen die Nachtgeräusche herein; unablässig, vielfältig und fesselnd. In einem nahegelegenen Haus heulte ein Mann zwei Stunden lang; ein Kind machte »er-hä, er-hä«; jemand fing an, Jagdhorn zu blasen, und die jungen Hähne begannen zu gackern und zu krähen. Bei Morgengrauen zog vom Hafen her Seenebel herüber und verstrickte uns in trockene Hustenanfälle, und von unseren Augenbrauen tropfte die Feuchtigkeit. Als ich schließlich aufstand, mußte ich meine Notizblocks bügeln und meine Zigaretten zum Trocknen auf die Fensterbretter legen, während die Motten und Mükken, die jetzt auch durchweicht waren, wie Tränen rings auf den Fußboden klatschten.

Bei Morgengrauen war der Dampfer vom Festland fällig, und wir beobachteten die Vorbereitungen. Zuerst fegte ein alter Mann mit einem Besen das Hafengelände. Dann fiel ein Hund ins Wasser. Strandgänger sammelten sich an, um zuzusehen, wie er ertrank. Die Kellner stellten ihre Tische ins Freie. Die Hafencafés, von denen man wie aus Theaterlogen auf das Meer hinaussah, füllten sich rasch. Es war sechs Uhr morgens, also gingen wir hinunter zu ihnen und bestellten uns Kaffee und Kognak. Rings um uns saßen Mütter mit bändergeschmückten Töchtern, Pensionsinhaber und Priester, Offiziere in Pyjamas, magere verkaterte Mannequins und einheimische Beatboys, die auf Geld warteten.

Schweigend saßen wir in der Morgensonne und beobachteten die See wie einen Briefkasten. Da endlich glitt um den Leuchtturm ein Fadenspiel aus Takelwerk, das Schiff bewegte sich auf den Landeplatz zu und ragte hoch über uns auf, glatt und bewegend, wie der Truppentransporter in ›Cavalcade‹. Kein Wunder, daß wir uns alle bei Tagesgrauen erheben, um es hier abzuwarten; hier ist alles, was nicht Ibiza ist. Alles, was nicht diesem Boden und diesem seichten Meer entstammt, was nicht Holz ist, Lehm, Stroh oder roher Alkohol – jede Unze Öl und unumgängliches Metall, jedes Pfund Gummi oder Nylon, jede Flasche Kognak, jede Tablette Aspirin, jede Plastiktasse und jeder Kugelschreiber – alles, was diesen Ort für uns Verbannte erträglich macht, muß so bei Morgengrauen herangeschafft werden. Die neue Geliebte, den Rivalen, die gezogene und die abgelegte Karte – das Schiff bringt's herbei und das Schiff nimmt's hinweg. Wir wünschen nicht im Ernst, davonzulaufen; um das zu beweisen, sind wir jeden Morgen hier.

Die morgendlichen Ankömmlinge, frisches Blut für die Insel, werden zunächst reserviert und mißtrauisch gemustert. Eine Gruppe von Papas aus Lancaster mit ihren Frauen in geblümten Kleidern werden mit Kutschen in die gebuchten Hotels befördert. Dann kommen einer nach dem anderen die Heilsbringer der Linken aus dem Schiff, bärtig, mit Pariser Blässe, einheitlich in eingeschlechtigen Jeans, Schachbretter und Gitarren in der Hand, gefolgt von ihren Freundinnen, die einander wie Zwillingsschwestern gleichen. Bald hat die örtliche Kolonie sie geschluckt, und neue Schachpartien kommen rasch in Gang. Auf diese Weise wird das Reservoir der Beatniks aufgefüllt – ohne jeden Wellengang und ohne viele Worte. Abgewetzt und schweigend rührt sich diese Bruderschaft nicht vom Fleck, sondern hält sich in unmittelbarer Nähe der Hafencafés. Ihre Mitglieder wechseln, alle sind sie tief gebräunt und traurig, und nur wenige arbeiten oder geben Geld aus. So mischen sie und heben ab und gehen miteinander um wie mit Spielkarten; jede Woche wechseln sie die Zimmer und die Bettgenossen. Doch die meisten Männer sind ganz ernsthaft und moralisch, sie halten Nichteinmischung für den Stand der Gnade. Schweigen ist die Parole; Unterhalten ist vulgär, angeberisch, der Gipfel der Affektiertheit. Teilt man sich einander überhaupt mit, so geschieht es telegrammartig, durch vorgeformte Phrasen, auf die man sich schon vorher geeinigt hat. Die Bruderschaft besteht zumeist aus Dichtern und Malern, aber Betätigung auf beiden Gebieten stößt auf Mißbilligung. Die schöpferische Aktivität liegt in der inspirierten Trägheit, der disziplinierten Passivität des Säulenheiligen – jede physische Aussage in Wort oder Bild kann die Imagination nur verwischen und verkleinern. Sterilität ist Fruchtbarkeit; je weniger Worte, desto näher dem Ziel; reines Schweigen und Ausgeglichenheit ist alles.

Trotz alledem gibt es eine Art häusliches Leben, eine gnadenlose zweite Gewalt, die ein lautes, ganz anderes eigenes Schema aufweist – wie Blumen, die sich rund um ein Grab ansiedeln. Nolens volens haben diese Fakire einen Schwarm

Kinder in die Welt gesetzt – jene lärmenden, goldenen Engel mit ihren Haarlocken, die man in der Stadt herumspringen sieht. Diese nordischen Kobolde schaffen ein Gegengewicht zu dem Schweigen, ganz wie ihre ›offenherzigen‹ sonnverbrannten Mütter, die alle Heidi oder Trude zu heißen scheinen und einander gleichen wie eine Reihe holländischer Käsekugeln.

Diese Mädchen, sämtlich schön, jung und flachbeschuht, spielen geduldig die Rolle der rettenden Engel. Sie stellen die Schachfiguren auf, nehmen den Theorien ihre Härte, eilen pflichtschuldigst vom Markt ins Bett. Ihre großen leeren Augen spiegeln die nicht vorhandenen Gemälde und die ungeschriebenen Gedichte ihrer Männer wider; inzwischen sorgen sie für Gesundheit, ganz wie Mrs. Blake, wenn sie nackt dasaß und kein Aufhebens von sich machte.

Die Bedeutung dieser Mädchen und ihr übliches Schicksal auf der Insel läßt sich am Beispiel der Flämin Heidi zeigen, die eben erst nach Ibiza gekommen war. Man sah sie oft am Hafen, wenn sie spitzenbesetzt und schlank – noch schöner als die anderen – hinter einem mürrischen und kahlgeschorenen Buddhisten hertrabte. Dieses Schätzchen mit Veilchenaugen, losem Haar und tiefem Ausschnitt schien zu glühen wie eine Straßenlaterne und keinen anderen Willen oder Lebenszweck zu haben als jene – von ihren Schwestern geteilte – erforderliche Fügsamkeit gegenüber dem Mann mit dem Anzünder. Es war bezeichnend, daß sie von einem reichen Knopffabrikanten aus Hamburg auf die Insel mitgebracht worden war, der sie in einem der Hafenhotels untergebracht hatte mit der Absicht, sie ohne Eile zu verführen. Er war romantisch, laut, sinnlich und verschwenderisch, aber er irrte sich in der Moral des Mädchens. Von seinen Neigungen abgestoßen, hatte sie sich im Waschraum eingeschlossen, wo sie einen armen Schweden schlafend vorfand. Sie hatten die Nacht dort verbracht, dann gab er sie an einen Freund weiter, der sie, als er abreiste, einem Dänen vermachte. Seit damals war sie wie eine beruhigende Wasserpfeife ganz offiziell von Hand zu Hand gegangen.

Was die Männer ihrer Gruppe betraf – wer waren sie, wo kamen sie her, was trieb sie und warum waren sie hier? Zumeist Fragen, auf die es keine Antwort gab, außer was ihre Herkunft anging. Da gab es mehr Unterschiede als bei ihren Mädchen, aber alle hatten die gleichen Gewohnheiten, alle empfanden den gleichen Ennui. Ein paar gestrandete Fulbright-Stipendiaten, ein mexikanischer Pandit, ein Lappe, ein Bill-of-Rights-Maler, dito einer von der Fulham Road und mehrere klassen- und staatenlose Australier. Die gesprächigsten waren wohl die beiden holländischen Außenseiter, die jeden Tag mehrere Stunden arbeiteten. Ich erinnere mich, daß der eine von ihnen mich beiseite nahm und mir gestand, er sei »der einzige Holländer, der Louis MacNieces Arbeit über William Butler Yeats auf englisch von Anfang bis Ende gelesen« habe. Dann gab er sich ganz preis und gestand, er habe eben einen Roman von 200 000 Worten beendet, fügte aber unglücklich hinzu: »Mir ist nicht ganz wohl dabei.« Der andere holländische Autor textete Comic strips und trat infolgedessen viel arroganter auf. »Wenn dieses Zeug langweilig sein muß, so sage ich ihnen, auf welche Weise es langweilig sein soll. Soll's schlecht sein, unter welchem Gesichtspunkt...« Und schließlich war da noch einer, der unter den Sterblichen niemals zuvor seinesgleichen gehabt hatte, der phänomenale Quizkönig aus Brooklyn, ein dicker Zwanzigjähriger, schon kahl, der im Fernsehen ein kleines Vermögen gewonnen und Amerika für immer verlassen hatte. Kurz, diese Leute sind die Zigeuner des Tourismus, exklusiv und ungeheuer konventionell, exotisch nur von Berufs wegen und keineswegs Bestandteil des Landes, in dem sie leben.

Dieser vielstimmige Hafen von Ibiza verliert bald seinen Reiz, und bei all unserer Freude an seiner lärmenden Unordnung beschlossen wir, anderswohin zu gehen. Es war noch früh in der Saison, und so fanden wir mühelos ein Haus – eine Betonvilla in einem kleinen Fischerdorf an der Mündung des einzigen Flusses. Dieser häßliche Kasten, den wir zusammen mit zwei Freunden bewohnten, hatte fünf Zimmer und eine Dusche sowie eine Küche mit Holzkohlenherd. Er war möbliert und kostete sechs Pfund im Monat. Unterhalb einer festungsartigen Kirche auf einem Hügel hockend, gewährte er einen Ausblick über Bauernhäuser und das Meer und über das eigentliche Dorf, das – kaum mehr als eine Straßenreihe – in einiger Entfernung links unter uns lag.

Uns gefiel es hier: die Straßen waren schlecht, und ein hölzerner Omnibus verkehrte nur selten. Man konnte nichts weiter tun als arbeiten, trinken und schwimmen, und zu sehen gab es nur Felder und das Meer. Manchmal verbrachte ein Viermaster, der Salz auf die Halbinsel brachte, den ganzen Vormittag damit, den Horizont heraufzukommen; oder ein Karren erklomm den Hügel mit einem Faß Wasser; oder jemand schlug die Früchte eines Johannisbrotbaumes herunter. Im übrigen war es eine Landschaft der bedächtigen, sauberen Stille, die immer noch der Lohn schlechter Straßen ist. Wenn man sich längere Tage wünscht, oder wenn man erleben möchte, daß die Leute wie in alter Zeit sprechen oder handeln, so findet man das, und zwar überall in der Welt, nicht in Handwerksinnungen, in Nationalparks oder in einem Kulissen-Mittelalter – man braucht nur reichlich Löcher in den Straßen. Hier zum Beispiel, nur wenige Meilen von San Antonio entfernt, wo Motorboote und Sightseeing-Busse röhrten, hing dank der schlechten Verbindungen Zeit in der Luft wie eine Seifenblase voll ungestörter Bilder. Kleine Mädchen und alte Weiblein saßen den ganzen Tag auf dem Feld und hüteten das Schwein oder die Ziege der Familie; ein Mann öffnete eine Schleuse, schlief drei Stunden lang, wachte dann auf und verschloß sie wieder; ein Mädchen im Strohhut hängte ihr Baby an einen Baum und fing an, mit der Sichel Gras zu schneiden; drei Buben gingen über den Hügel und sogen an Zuckerrohr; der Schmied hämmerte ein Rad zurecht ... Der schlimmste Schrecken, der einem Neuankömmling begegnen konnte, waren die wilden Hunde von Ibiza – fahle knochendürre Tiere mit irren schrägen Augen, die wie Jagdleoparden über die Hänge

rannten oder plötzlich hinter einem Felsen hervor auf den Vorübergehenden zusprangen und wedelnd um Brot und Fischgräten bettelten.
Hier war alles einfach und behaglich; es gab keinen Stundenplan, nicht einmal für die Geschäfte – man konnte das Postamt aufsperren lassen, Briefmarken auf Kredit kaufen, ja sogar einen schon eingeworfenen Brief wieder zurückholen. Eine selbstverständliche Würde bestimmte die Beziehungen zu den Händlern und anderen Geschäftsleuten – es wurde einem gesagt, was man kaufen mußte, man wählte nicht selbst, und man lernte auch, ihre Freigebigkeit hinzunehmen. So war ich etwa seit zwei Wochen im Dorf und hatte mir nicht die Mühe gemacht, mich zu rasieren, als in einer Bar ein Mann auf mich zutrat: »Ihr Bart mir scheint sehr häßlich«, sagte er. »Für mich, er ist sehr schlecht.« »Wer sind Sie?« fragte ich gereizt. »Der Barbier«, erwiderte er, »Francisco Juan Tur, Ihr Diener.« Es war schon nach Mitternacht; er führte mich stracks in seinen Laden, schloß ihn auf und rasierte mich umsonst.

Ich war nach Ibiza gekommen, um ein Buch fertigzuschreiben, denn ich brauche Wein zum Schreiben, und hier ist's billiger. Die Tage waren so heiß, daß ich bei geschlossenen Läden arbeitete und meine Flasche in einen Eimer Wasser gestellt hatte. Am späten Nachmittag zerflossen mir die Worte im Schweiß, also ging ich baden und dann in die Cafés. Das Trinken am Abend – *palo* oder Absinth – eröffnete mir zusammen mit dem zeitlosen Leben, das wir führten, ganz neue Dimensionen, wenn ich die Welt betrachtete. Im rosig-heißen Dämmerlicht unter den Bäumen der Cafés faszinierten mich die kleinen Dinge. In der Nähe stand ein Kaktus, in dem eine Spinnenkolonie ein riesiges staubiges Netz unterhielt. Reglos konnte ich eine Stunde lang einem einzelnen Ohrenkriecher zusehen, der, jeden Fuß auf einem anderen Faden, über das schwingende Gespinst dahintanzte, während die Spinnen voll Abscheu zurückschreckten. Für eine Weile konnte dieses Spinnennetz den ganzen Himmel ausfüllen, zu den Stufen und Rampen von Babel werden, einem Schreckensweg, den der Ohrenkriecher hinaufmarschierte, von allen Seiten bedroht bei seinem Aufstieg ins Paradies. Dann konnte ich beobachten, wie ein kleines Loch in der Mauer eine geflügelte Schar von Hochzeitsameisen ausspie. Ihre blassen Silberflügel ließen sie wie Gehrockträger erscheinen, elegante Aristokraten bei einer Hochzeit in St. Margaret; manche stiegen in kreisendem Flug in die Lüfte empor, während andere einfach nur um das Nest herumlungerten, bis wilde kleine Pagen mit beweglichen Scheren kamen und den Saumseligen die Flügel abschnitten. Zuletzt dann die Fliegen – die hier Legion waren, so daß man in der Minute ein Dutzend erschlug. Ich erschlug noch weit mehr und sah, wie sie auf dem Boden zappelten, und wieder verzerrten sich die Maßstäbe für mich ... Wer weiß etwas von ihren langsamen letzten Stunden, dachte ich dann bedrückt, von ihrer ungeheuren Fähigkeit zu sterben, so daß sie die ganze Nacht zwischen Sandhügeln liegen oder im zerfleischenden Dornengestrüpp des Staubs auf dem Boden, zerbrochen, keuchend, vor Durst vergehend, an Hilfe oder Rettung verzweifelnd, wenn sterbende Schatten aus Wonne und Schrecken vor ihren millionenfachen Augen vorüberziehen.

Die Wochenenden in diesem Dorf waren gar nicht so ungewohnt; sie hätten aus meinem Dorf in Gloucestershire hierher versetzt sein können – wenn man zwanzig Jahre abzog, zehn Grad Wärme hinzutat und das kochende Wasser durch Öl ersetzte. Sie verliefen etwa folgendermaßen – ich schildere ein bezeichnendes Beispiel; kein Wunder, daß ich mich heimisch fühlte.
Am Samstagmittag hörte ich nach alter Gewohnheit auf zu schreiben und räumte meine Arbeit weg. Dann verließ ich das Haus und ging hinunter an den Fluß, zu dem Becken, das sie das ›Süßwasser‹ nannten. Hier waren zwei kühle Brücken und ein Band aus blauem Fels, über das der Fluß wie Milch herabträufelte. Das Becken war tief und mond-

scheinfarben, unten am Grund träumten blaue Forellen. Ich lag mit dem Kopf halb unter dem Wasser und hörte den Nachtigallen zu, die den ganzen Tag im Gebüsch am Flußufer sangen, wo sie sich auf ihrer Reise von Afrika her ausruhten.
Bald kamen die Mädchen aus dem Dorf in frisch gebügelten Kleidern und fingen an, im Schilf umherzukriechen. Eine träge Stunde lang spielten sie ihre Flüsterspiele, aßen Nüsse oder träumten vor sich hin und warteten – warteten, daß die Burschen kämen, von den Brücken ihre Kopfsprünge machten, um den Teich schwammen und ihre Sinne erregten. Die Burschen hielten sich ans Wasser, die Mädchen an die Büsche, während sie einander rituelle Obszönitäten zuriefen und den langen Nachmittag ihre Anspielungen plärrten.

Um fünf Uhr fand das Fußballspiel statt, das auf einem Stück kahler Erde nahe dem Meer ausgetragen wurde. Zäh und elastisch spielte jeder der mit knapp sitzenden weißen Shorts bekleideten Spieler sein eigenes Spiel. Wer immer den Ball erwischte, schoß ihn unverzüglich aufs Tor, mochte es auch noch so weit entfernt sein. Staubfontänen stiegen über dem Spielfeld auf, man holte den Ball aus dem Meer, es kam zu Schlägereien, Männer wurden bewußtlos davongetragen unter Geschrei wie »Ecke! Abseits! Tooor!« Man konnte sich darauf verlassen, daß die Partei gewann, die das erste Tor schoß, denn die andere gab dann sehr schnell auf. Diesmal waren es die Einheimischen, die zuerst unterlagen und schon bald mit tränenblinden Augen spielten. Das letzte Tor wurde unter tödlichem Schweigen geschossen... Die Burschen aus dem Dorf zogen mit bleichen Gesichtern ab.
Nach dem Spiel ging ich, erschöpft von der Aufregung, fort und suchte mir einen Platz zum Ausruhen. Oberhalb des Dorfes fand ich eine felsige Wildnis und legte mich auf einen großen flachen Stein. Ich schloß die Augen, roch würzige Kräuter und Dung und hörte alle Geräusche des Tals – Kuckucke, Nachtigallen, Grillen, Fliegen, Esel, Ziegen

und Hähne, das Quietschen eines Karrens, die Stimme einer Klatschbase, die Trompete des Fischverkäufers unten im Dorf. Wie ich so auf meinem friedlichen sonnenbeschienenen Stein lag, zog eine Herde Schafe über mich hin, der ein Mann auf einem Pferd folgte, ein altes Weib mit einer Geiß und dann mehrere feierliche Gestalten in Schwarz. Ich war ein wenig überrascht über diese Störung an einem so abgelegenen Ort, doch nur, bis ich mich schließlich erhob und feststellte, daß ich mitten auf einer Straße lag.

Auf dem Heimweg ins Dorf besuchte ich den Friedhof, der wie eine Sarazenenfestung von einer Mauer umgeben war. Kränze aus buntem Blech und eine schwarzumrandete Karte auf einem Pfosten bezeichneten ein frisches Grab. An der Kirchhofsmauer befanden sich ringsum Familiengräber und mehrere Gruben voller Knochen. Die Namen auf den Gräbern, von denen mir einige in Erinnerung geblieben sind, zeigten in ihren Variationen die Merkmale örtlicher Inzucht – Vicente Juan Tur, Vicente Juan Guasch, Catalina Guasch Tur, Vicente Tur Guasch, Catalina Tur Tur, Juanita Guasch Guasch, Tur Vicente Guasch Tur, Guasch Tur Guasch Guasch...

Man sollte meinen, daß diese Insel oder doch zumindest dieses Dorf von Francos Bürgerkrieg verschont geblieben wäre, daß es sich als zu abgelegen und eigensinnig erwiesen hätte, um beachtet zu werden. Doch dem war keineswegs so. Der Krieg schwärte hier nicht weniger heftig als anderswo, ja in dieser Abgelegenheit vielleicht noch schlimmer, und obwohl seither mehr als zwanzig Jahre vergangen waren, litt das Dorf noch immer an der Wunde. Die Leute erzählten einem davon, wenn auch mit gedämpfter Stimme, wie von einem Verwandten, der ›die Krankheit‹ gehabt hatte. Am leisesten sprachen diejenigen, die das meiste Glück gehabt hatten, diejenigen, die sich auf die richtige Seite geschlagen und gewonnen hatten.

Doña Rosa zum Beispiel, die jetzt über ausgedehnten Grundbesitz verfügte, aber immer noch gelegentlich Touri-

sten bewirtete – zuerst war ihr Bruder erschossen worden und dann ihr Sohn, die beide Gendarmen und verhaßt waren. Als Francos Leute kamen, ließ man die Insel hungern. Aber Rosa nicht... Sie sprach im Flüsterton. »Lebensmittel wurden so gut wie keine zugeteilt, aber uns ging es gut. Es gab kein Öl, aber wir hatten reichlich. Mein Mann kochte Festmähler für die Hauptleute und Obersten; wir hatten natürlich alles, was wir uns wünschten – Konserven mit Butter, Schinken und Milch, deutsche Würste, Wein und Kognak. Man konnte hungernde Mädchen auf der Straße umfallen sehen – manchmal gab ich ihnen ein Stückchen Brot. Die armen Kinder waren weiß und dünn wie Knochen, sie hatten nichts von allem, was sie brauchten. Es wurde auch gemordet, ja; Gefangene wurden erschossen; viele wurden über die Klippen geworfen. Ein paar kamen mit verkrüppelten Gliedern davon – Sie können sie heute noch herumlaufen sehen...«
Im Grunde wollten die Sieger Ibiza gar nicht haben; man bestrafte die Insel und beachtete sie dann nicht mehr. Aber heute noch wird ein General, wenn er in Madrid in Ungnade fällt, zur Abkühlung hierher geschickt. Es ist eine Insel für Verbannte, kein Ort, an dem man immer leben möchte, und Flüchtlinge gibt es in Hülle und Fülle – Gesellschaftsreisende, internationale Betrüger, Meuchelmörder, Filmstars und Liebende – sie kommen her, um sich Sonnenbräune zu holen, um unterzutauchen, um zu bereuen oder um sich für wenig Geld toll und voll zu trinken.
Ebenso wie dem armen spanischen Festland (dem auf Fische angewiesenen Malaga und der einst hungernden Costa Brava, wo Erde, Kirche und Staat nur die herrischen Totengräber eines dahinschwindenden und hoffnungslosen Volkes waren) ist heute auch Ibiza so etwas wie ein Wunder widerfahren. Ohne Arbeit oder Aussaat bringt die unfruchtbare Insel heute reiche klingende Ernten ein. Die Gäste kommen und suchen nur Charme, Sonne und Bestärkung in ihrer Nostalgie. Die Insel ist gleich bereit, sie weich zu betten, wie ein sonnenwarmes Wasserbett, das sogleich seine alte Form

wieder annimmt, wenn sie gegangen sind. Sie bietet sich als Versteck an, verlangt einen mäßigen Preis, findet aber kein Vergnügen daran und läßt sich auch nicht korrumpieren. Seit der Zeit der Phönizier ist sie regelmäßig von solchen Wellen fremder Ruhelosigkeit heimgesucht worden. Trotzdem hält sie die Gegenwart für einmalig, sie ist nach ihrer Rechnung eine Zeit der Hochkonjunktur. Noch vor wenigen Jahren starben die Leute von Ibiza auf der Straße, heute ist jedermann dick und geschäftig. Wie das geschehen konnte und wie lange das dauern kann – diese unbequemen Fragen stellt man nicht ... Zum erstenmal in einer Geschichte zahlloser Invasionen wird Ibiza nicht mit Waffengewalt erobert, sondern mit Geld.

*Festliche Tage*

Die Reise nach Cannes machte ich in einem Liegewagenabteil für vier Personen mit einem Pariser Büroangestellten, einer algerischen Witwe, einer klumpfüßigen Großmama und einem Hund. Irgendwann in der Nacht biß der Büroangestellte die Witwe, der Hund biß den Büroangestellten und die Alte trat mir mit dem Klumpfuß gegen das Schienbein, weil ich das Licht anmachen wollte. Wir erlebten die Morgendämmerung in einem Zustand gespannter Wachsamkeit, während der Angestellte seine Wunden leckte und vor sich hinmurmelte: »Was für ein hübsches Tierchen. Was für liebenswürdige Reisegefährten.«
Zwei Stunden hinter Marseille zeigte sich das Mittelmeer, glatt und wollüstig wie eh und je, mit Seidenzungen seine winzigen Buchten aus rotem Fels beleckend. Und wieder war ich überwältigt von der Macht dieses Gewässers, das schmeichlerisch mit seinen Regenbogen aus Morgensonne meiner nordischen Nervosität Absolution erteilte und sagte: »Vergiß und gib dich hin!«
Es war der Eröffnungstag des Filmfestivals und am Bahnhofsausgang von Cannes drängten sich die Menschen. Reporter mit Bürstenschnitt und behängt mit Kameras hatten sich versammelt, um den Zug zu erwarten. Sie waren blaß, abgespannt und reizbar, stapften auf und ab und spähten verdrießlich durch all die Schranken. »Wer um Gotteswillen kommt denn eigentlich?« fragten sie. Ein Festivalfunktionär tanzte um sie herum. »Also. Zum Beispiel. Eddie kommt. Eddie Constantine. Zum Beispiel...« Manche pfiffen oder stöhnten, einer spuckte auf den Boden. Aber nicht einmal Eddie kam. Niemand kam. Nur ich und die klumpfüßige Frau.
Die Festhalle ging aufs Meer hinaus, glänzend, prächtig und

reich. Ihre Fassade war mit den Fahnen aller Nationen geschmückt, die sich im Nordostwind bauschten. Doch wir kamen alle zu früh. Noch waren die Größen nicht da. Alles war Chaos und nichts war fertig. Die Pressekabinen waren erst halb aufgebaut, und unsere Pressekarten waren sogar abhanden gekommen. Eine Frau mit nassem Gesicht und kurzgeschnittenem weißen Haar beschwichtigte uns seufzend. »Patience, messieurs. Ihre Karten werden gleich da sein. Inzwischen ist Eddie Constantine schon hier...« Düstere Stimmung und Stöhnen, während wir lustlos wartend herumstanden. Dann führte man uns in den Presseraum, und richtig, Eddie Constantine war tatsächlich da, mit einer Jachtmütze, einsam und sorgenvoll. Wir ignorierten ihn, rauchten und blickten hinaus aufs Meer, das sich jetzt in minzgrüne Blöcke zerteilte, die peitschende Winde reich überzuckerten.
Eddie C. war zu früh dran. Wir waren alle zu früh dran. Man konnte nichts anderes tun als warten.
Dann hörte ich, daß jemand Karten für die Galapremiere am Abend: »In achtzig Tagen um die Welt«, dank der Großzügigkeit Michael Todds ausgab.
Ich ging zum Pressetisch und stellte mich an, durchaus bereit zu allem, was nichts kostete. Aber offenbar wurde man da nur mit Einladung zugelassen. »Sie stehen nicht auf der Liste, Monsieur.« »Skandal!« rief ich, ohne mich weiter aufzuregen und begab mich wieder in das Pressezimmer.
Dort begrüßte mich ein Aufblitzen der Kameras. Inzwischen war Eddie C. inmitten einer Flut von Langeweile flottgemacht worden. Man hatte ein Mädchen für ihn aufgetrieben – eine Hellblonde in weißen Shorts – und sie an eine der Schreibmaschinen gesetzt. Er beugte sich über den Tisch und schielte hysterisch. Das Mädchen war aufgeregt, tippte und schaute ihm ins Gesicht. Eddie schaute in die Kameras. Die Kameras schauten ihr in die Bluse. Es gab professionelle Schreie der Freude und Ermutigung. Jemand machte noch ein paar Knöpfe auf. Das Mädchen brachte die kornbraunen Beine, der Star seine Jachtmütze in eine andere Stellung,

man opferte noch ein paar zusätzliche Blitze, und die Gesellschaft zog sich befriedigt zurück.
Doch mich hatte das Ritual fasziniert, und als das winzige Sternchen sich still verzog, betrachtete ich ihre bloßen Fersen mit Interesse. Pflanzengleich, frisch und köstlich beweglich, war sie aus dieser Ernte die erste, die ich gesehen hatte. Wer sie wohl sein mochte, fragte ich mich. Welchem unverbrauchten Feld war sie entsprossen? In ihrer Schreibmaschine, die jetzt verlassen stand, steckte noch ein Bogen Papier, ohne Zweifel beschrieben mit ihren Geheimnissen. Ich nahm ihn also heimlich heraus; auf dem zerknitterten Blatt las ich:
»Mi chiamo Grazia uf e sono a Cannes per fare un prov di v nostro f f a ho remi f chiamo Grazia e sof a Cann edmo koi s dmmila anos fr sino non...«
Ein Aufschrei nahezu wortloser Ekstase. Leider habe ich sie niemals wiedergesehen.

Am Nachmittag holte ich mir meine Pressekarte und anderthalb Kilo Informationsmaterial. Anscheinend sollte es eine regelrechte Filmolympiade werden, mit Meldungen aus dreißig Ländern. Die größeren hatten Kabinen in der Festhalle, die kleineren arbeiteten in den Lokalen. Die meisten Länder von jenseits des eisernen Vorhangs waren ebenso vertreten wie die erklärt freien Staaten und unbekannte Teilnehmer wie Tunesien, Ceylon und Libanon. Die nächsten beiden Wochen sollten jeden Tag vier Filme laufen. Vorläufig hatte sich der Vorhang noch nicht gehoben und außer den Plakaten, die überall in der Stadt angeklebt wurden, war noch kaum etwas zu bemerken.
Diese Plakate, die wie Wappenschilde leuchteten, schienen einen heimlichen Kampf miteinander auszufechten. Die britischen, das muß man zugeben, waren zurückhaltend und exklusiv. Sie zeigten weiße Wogen, die sich an steinigen Klippen oder am Bug von Zerstörern oder am harten britischen Kinn von Richard Todd brachen. Sie erzählten die rauhe Geschichte unserer Insel auf die rechte Weise und

schienen den Anspruch zu erheben, das Meer erfunden zu haben. Doch die anderen großen Länder fuhren gröberes Geschütz auf. Hollywood begann mit einem Mädchen in schwarzem Trikot. Italien setzte ein Mädchen in braunem Trikot dagegen, das noch jünger war und eine Puppe hatte. Japan forderte seine Reisfelder von Italien mit einem jungen Mädchen zurück, das bis an die Knie im Sumpf stand. Und Rußland ging erstaunlicherweise geradewegs auf Hollywood los mit einem Liebespaar, das sich im Wasser umarmte.

Mit einem Heft Freikarten in der Tasche und filmfreier Zeit bis zum nächsten Tag spazierte ich die sonnige, windige Strandpromenade entlang und dachte, was ich doch für ein Glückspilz sei. Eine Meile weit waren weiße Stangen wie Feldzeichen eingerammt, jedes mit seiner Propaganda. Und hier stand mein Land keineswegs hintenan, denn jeder vierte Pfahl zeigte mir ein vertrautes Bild – alle in jenem Malzmilchstil, der an einen gemütlichen Schlaftrunk denken läßt. Das anheimelnde Pantheon der britischen Stars – Bruder, Schwester, Pfadfinder und Krankenschwester – sie schauten tröstend auf mich herab, der ich verlassen in dieser sündigen Menge stand.

Weiter oben lag zuckerweiß und fahnengeschmückt das Carlton, in dem das eigentliche Leben des Festivals pulste. Draußen auf der Straße hatte sich eine Menge Neugieriger versammelt. Milchgesichtige Schulmädchen mit Autogrammheften winkten einem Portier in einem Dachfenster zu. Der Portier winkte zurück – es war Eddie Constantine. Ich setzte meinen Spaziergang fort und kam eine Stunde später wieder vorbei. Die Mädchen waren alle fort, aber Eddie C. war immer noch da und trommelte mit den Fingern aufs Fensterbrett. Die Menge war weitergezogen, um am Strand zu gaffen, wo ein mächtiger Ballon aufgeblasen wurde. In dem Maße, in dem der Ballon anschwoll, schrumpfte Eddie zusammen, aber er harrte tapfer auf seinem Posten aus. Die Sache mit dem Ballon hatte sich Mike Todd ausgedacht, und ein Polizeikommando sorgte für Ordnung. Ich ging zu

einem von ihnen hin und zeigte ihm meine Karte. »A quelle heure partir le ballon?« fragte ich. Der Beamte wurde dunkelrot und brachte kein Wort heraus. Aber ein älterer, ruhigerer Kollege antwortete: »Er steigt um acht Uhr auf, Monsieur – aber nur fünfzehn Meter.«
Ich setzte mich in eine Strandbar und bestellte einen Drink. Es war jene funkelnde halbe Stunde vor Sonnenuntergang, in der die Lichter dieser Küste das Selbstgefühl wunderbar stärken. Der Wind hatte sich gelegt, und die Welt schien verwandelt. Niemals hatten die Menschen so gut ausgesehen. Eine korallenrote Glut verlieh den Menschenmengen eine satte und prachtvolle Fleischlichkeit. Alte Frauen, die an mir vorübergingen, waren rosig angehaucht wie Blumen, alte Männer sahen aus wie Aztekengötter; Liebespaare schritten einher, eingehüllt in unvergeßlichen Farbenschimmer, und kleine rosarote Mädchen liefen über den Sand mit bloßen Füßen, die rosa Staubwolken hinter sich ließen. Düfte von Wein und Harz, sonnenversengtem Laub und welkenden Lilien schwebten in der Luft. Für einen langen, langsamen Augenblick hängte dieses kleine Babylon Weltwundergärten auf. Dann ging schließlich die Sonne unter, der kühle Wind erhob sich, unsere Wangen wurden grau, und das Neonlicht trat seine Herrschaft an ...

Dank Todd und seinem Jules-Verne-Koloß gehörte dieser Abend Amerika. Mit einer Reihe gutgewählter Ausrufezeichen beherrschte er die Stadt. Zuerst kam der Ballon, eine tolle Nummer: wie der Polizist gesagt hatte, erhob er sich Punkt acht Uhr über dem Meer. Und da schwankte er nun in fünfzehn Meter Höhe wie ein angebundener Planet oder eine Laterne. Zwei Kaugummi kauende Burschen in viktorianischem Kostüm hingen gefährlich im Korb. Von Zeit zu Zeit nahmen sie ihre Zylinder ab, warfen Sand ab, rissen ungestüm an Seilen, mimten Seekrankheit und schrien durch ihre Megaphone. Ein paar Rüpel versuchten, die Verankerung zu lösen und sie den Winden preiszugeben, wurden aber von der Polizei vertrieben.

Als nächstes folgte die Vorführung des Films – so eine Sache mit Nerz und Tiara. Man hatte eine prachtvolle Schwadron motorisierter Polizei – die Gardekavallerie des Mammons –, in üppigen Uniformen auf ihren Motorrädern kauernd, angeheuert, die die Zufahrten säumte. Weitere hundert verbargen sich, mit Schlagstöcken und Pistolen bewaffnet, in Nebenstraßen hinter der Festhalle. Fischflossige Wagen glitten zum Eingang und legten blonde Mädchen wie Eier. Todd und seine Frau kamen zuletzt – er lippenbeißend wie ein ängstlicher Schuljunge, sie taufrisch wie ein Veilchenstrauß. Die teppichbelegten Stufen hinauf schirmte er sie ab, streng und stolz, mit finsterem Blick. Dann schloß sich die Festspielhalle unwiderruflich für die dreieinhalbstündige Vorführung des Films.
Später dann, um Mitternacht, stieg die Casinoparty mit Champagner, Löwen hinter Gittern und Hummern. Die Liste der Geladenen war natürlich beschränkt, aber Mike Todd war derart beliebt, daß wir alle den Wunsch hatten, ihm die Ehre zu erweisen. Zweihundert zuvor gestohlene Karten wurden auf den Straßen und in den Lokalen verkauft. Als dann die Gäste kamen, klaute man ihnen die Karten und verkaufte sie draußen wieder. Ganz Cannes war auf der Party; es war die tollste Party überhaupt. Todd mit seinem Luftschiff und Todd A–O, das unübertroffene Waschmittel, waren miteinander die Könige des Festivals.

Ich habe Todds Film an jenem Abend nicht gesehen; statt dessen ging ich in ein Kino in der Stadt, wo ein Film außer Konkurrenz lief – *L'Empire du Soleil*, ein glühendes Bild der Anden, gedreht von den Prozudenten, die auch *The Lost Continent* gemacht hatten. Wieweit er erfunden ist, kann ich nicht sagen, aber ich sah ihn trunken vor Begeisterung an. Der Film bombardiert die Augen mit einer unbekannten Welt: einem ungeheuren filmischen Horizont tosender Gebirge; da gibt es peruanische Indios, angezogen wie Strohpuppen im Herbst; Tänze, Festlichkeiten, Arbeit und Liebe. Da gibt es eine gebärende Frau, die an einem Baum hängt,

einen Geier, der auf einem Kampfstier sitzt, Wolken schwarzer Kormorane, die das Meer bombardieren; Überraschung, Staunen und Poesie ...
Von diesem Film noch ganz betäubt und von ihm träumend ging ich am nächsten Vormittag Mike Todds Film anschauen, der für das gemeine Volk noch einmal aufgeführt wurde. Kraftvoll entworfen, hervorragend gemacht, makellos und glanzvoll gespielt, zog er in achtzig Klischees einen Ring um die Erde. (Ich weiß, wohin ich gehe, und ich weiß, was man mir zeigen wird ...) Frankreich? – da war Paris und ein Postkartenchâteau. Spanien hatte seinen Stierkampf und seinen Zigeunertanz. (»Für den Stierkampf nehmt den besten – wie heißt er doch? Dominguin; für den Zigeunertanz diesen José Greco.«) Dann Indien, ja, ein ziemlich großes Land. Da nehmen wir Seiltricks, Elefanten und heilige Kühe, eine Witwenverbrennung, eine Prinzessin und Colonel Blimp. Siam ist einfach – der König und ich. Für die alten USA die alten Zeiten: demokratische Wahlen, die Gangsterbraut hinter der Saloonbar, eine Verteilung von Gratismahlzeiten, ein Gauner aus Kentucky, die Eisenbahn quer durch den Mittelwesten, ein Indianerüberfall und ein paar Büffel. England – das ist natürlich Klubleben und Droschken, ein Spritzer königlicher Pracht und beginnender Niedergang ... Es war lustig, ringsherum ein Heidenspaß, aber als der den Erdball umkreisende Fogg sich den Küsten Britanniens näherte (und dabei rätselhafterweise in einen Sonnenuntergang hineinsegelte), schien mir die Lustigkeit doch ein wenig zu verblasen. Es war, als würde man gleichzeitig durch ein Baedekertraumbuch und ein internationales Schauspieleradreßbuch (natürlich nur durch die mit Stern versehenen Seiten) geschleift. Es blieb einem nichts erspart – außer der Überraschung.
Aus dem Film trat ich in die Sonne hinaus, geblendet wie von einer Woge aus Milch. Als ich wieder sehen konnte, schaute ich mich um. Am Strand war eine Mittagsparty in vollem Gang, und eine Menge Leute sahen andächtig zu. Ich zückte meine Karte, gesellte mich zu den Feiernden und

bekam ein Glas in die Hand gedrückt. Es war eine jener vergoldeten anonymen Zusammenkünfte, die sich sogleich zu entfalten schienen, wenn sich nur ein Sonnenstrahl zeigte. Fette geschäftige Filmleute verkauften, mit dem Rücken zum Wind, einander Projektoren. Hier und da schmachteten langhaarige Mädchen wie russische Windhunde in würdevollem Schweigen. Kameramänner klickten, krochen herum und waren auf der Jagd, sie wählten und verwarfen die Mädchen. Dann setzten sie einen Rotschopf auf einem Gummipferd zurecht; sie ließ ein verkrampftes Lächeln aufblitzen, jene ihre Blitzlichter, und um die gute alte gleißende Sonne kümmerte sich niemand. Ein appetitliches Ding in einem Bastrock sah dem eine Weile verdrießlich zu. Als sich dann plötzlich die Kameras ihr zuwandten, riß sie die Augen auf, entblätterte sich in dem sandigen Wind und nahm Hunderte von Posen ein. Sie wand sich auf dem Sandboden, hingebungsvoll und glänzend, sie verknotete und entknotete ihre Glieder. Die Kameras folgten ihr, langsam kreisend, ihre langen phallischen Linsen spähten und stießen zu; und sie öffnete sich freigebig ihnen allen und folgte mit jeder Geste ihrer Vorstellung von dem Wissen, das jene von ihr hatten.

Die Macht der auf ein Mädchen gerichteten Kamera. Noch vor einem Augenblick war sie ein mürrisches Ding; jetzt schien ihr Fleisch zu glühen wie ein elektrisches Feuer, und ihre ovalen grünen Augen, die sich uns ruhelos zuwandten, funkelten vor wollüstigem Sehnen. Ich konnte es keine Minute länger aushalten: mit meiner kleinen billigen Kamera, die mir zwischen den Beinen baumelte, begab ich mich aufs Schlachtfeld.

»Mit der da hat das keinen Sinn«, sagte eine Stimme. »Diese Mädchen sind Experten; sie verlangen eine gute Ausrüstung. Wenn Sie nicht mindestens eine Rollei haben, wird man Sie wegen pornographischer Aufnahmen anzeigen.«

Der Weise, der da sprach, ein rosiger Sonntagskolumnist, hockte gemütlich im Sand.

»Und es hat auch keinen Sinn, sie so anzuschauen. Diese kleine Nummer ist verteufelt treu. Sie hat Augen nur für ihre Freundin Lola. Warum sind Sie hergekommen? Hier ist nichts mehr los. Liebe gibt's hier nicht, überhaupt keine Liebe. Die Mädchen sind alle auf Jachten oder lesbisch wie noch was. Und schauen Sie sich das Wetter an – wie auf einem Gewerkschaftskongreß. Ich glaube, ich geh heim nach Twickenham.«
Wir aßen zusammen Mittag im steifen Ostwind, an einem Tisch mit festgenageltem Tischtuch. Andere Klatschkolumnisten setzten sich dazu, jammernd und klagend. Was sollen wir bloß nach Hause schicken? Keine Persönlichkeiten, keine neuen Gesichter, keine Story. Fürstin Gracia will nicht mitmachen, ich hab's versucht. Exkönig Peter? Hat keinen Sinn, der ist nur auf Reklame für sein Buch aus. Kennen Sie Somerset Maugham? Na ja, ich habe Dorothy Dandridge aufgetan. Wenn man die nun zusammenbrächte? Dafür würde ich was springen lassen, verstehen Sie? Schade. Wenn nur Eva Bartok käme...
Wir tranken den ganzen langen Nachmittag Calvados und fuhren dann in die Berge zu einer Party. Sie fand in einer Villa in üppigem barockem Zuckerbäckerstil statt, von der man einen herrlichen Blick hatte. Unser Gastgeber war ein Maler, dessen rosenlippige Akte ihm ein beträchtliches Vermögen eingebracht hatten. Im Garten gab es Champagner und auch ein Schwimmbassin; der Wind wehte jetzt sanft, und der Abend schimmerte pfauenfarben. Mir kamen die Gäste jetzt alle sehr bekannt vor. Da war der Kameramann von der Strandparty. Da waren die beiden kurzgeschorenen Burschen aus dem Ballon. Und da war Mr. Eddie Constantine. Als ich schließlich wegging, versuchten zwei verzweifelte Reporter gerade, ihn zu einem Sprung ins Bassin zu bewegen...
An jenem Abend zeigte man *Celui Qui Doit Mourir*, Jules Dassins langersehnte Bearbeitung von *Le Christ Récrucifié* von Nikos Katzantzakis. Leider bekam ich den Film nie zu sehen. Vielmehr rannte ich mit voller Wucht in ein uner-

wartetes Tabu. Für mich zumindest war es eine Überraschung.
Als ich im Theater angekommen war und dem Livrierten meine Karte gezeigt hatte, vertrat er mir plötzlich den Weg. »Aber Monsieur hat keinen Smoking an«, sagte er. »Alors, dann kann er auch nicht hinein.« Ich stand verdattert in dem blumengeschmückten Foyer. »Wer hat etwas von Smoking gesagt?« fragte ich. Der Breitschultrige zuckte die Achseln. »Am Abend ist er vorgeschrieben«, sagte er. Ich war ärgerlich; ich sagte, ich sei tausend Meilen weit hergekommen; ich sagte, ich hätte keinen Smoking; ich sagte sogar, ich sei ein Dichter. Schwarze Schleifen strömten an uns vorbei. Der Portier ließ seinen Vorgesetzten holen. »Er sagt, er ist ein Dichter und hat keinen Smoking.« »Schmeiß ihn raus«, schnarrte der Chef. Und das taten sie auch.
Ich ging in ein Café und schürte meinen Ärger. Kapitalistische Marionetten und Schaufensterpuppen! Sollte ich mir das wirklich gefallen lassen? Würde Stephen Spender sich das gefallen lassen? Also gut, ich auch nicht. Ich setzte mich an einen Tisch, ließ mir Papier und Tinte geben und schrieb einen Brief an Jean Cocteau.
»Cher Maître«, begann ich, »heute abend hat man mich aus der Festhalle hinausgeworfen, weil ich keinen Smoking anhatte. Ich besitze keinen Smoking. Ich komme aus England, um mir die Filme der Welt anzusehen und nicht, um an einer Parade teilzunehmen. Darf ich mit all der Bewunderung, die ich für Sie hege – für Sie, der alle Regeln durchbrochen hat, um dem obersten Gesetz seines Genies treu zu bleiben – gegen diese Diktatur der Schneider protestieren?« Der Brief hatte den echten gallischen Schwung, fand ich. Cocteaus Antwort am nächsten Tag: »Sie sollten es so machen wie ich«, schrieb er in französischer Sprache. »Gehen Sie abends zu Bett – und vermeiden Sie es so, einen Smoking anziehen zu müssen. Doch für den Fall, daß das nicht geht, füge ich einen Brief bei, der Ihnen helfen soll – doch entsprechen meine Wünsche nicht unbedingt meinen Befugnissen.« Der beigefügte Brief war scharf wie eine

Lanzenspitze. »An alle, die es angeht«, stand darüber. »M. Laurie Lee ist nach Cannes ohne seinen Smoking gekommen – *mais avec son cœur!* Seien Sie bitte so freundlich, ihn *seinen Verdiensten gemäß* zu empfangen. Gezeichnet: Jean Cocteau, Président du Festival de Cannes.«
Mit diesem Brief bewaffnet ging ich am nächsten Abend wieder hin. »Aber der Herr hat keinen Smoking an«, leierte der Livrierte. »Er darf nicht herein.« »Schauen Sie doch dieses Blatt an«, sagte ich. Langsam und leise murmelnd tat er das. »Seien Sie bitte so freundlich, ihn seinen Verdiensten gemäß zu empfangen«, las er ... Also warfen sie mich wieder hinaus.
Ich stand auf der Straße, verwirrt und verblüfft, als wäre mir vor meinen Augen ein Scheck geplatzt. Dann raffte ich mich zusammen und stürzte mich wieder ins Gedränge. Ich suchte den Vorgesetzten und hielt ihm meinen Brief vor die Nase. »Lesen Sie das«, schrie ich. »Das sind keine leeren Worte.« Er las es zweimal, fiel zusammen und biß sich auf die Lippe. »Na schön«, seufzte er müde. »Ich muß Sie wohl durchlassen. Aber nicht, bevor es dunkel geworden ist.«
Von da an ließ man mich tatsächlich zu, *sans smoking,* bei Soireen aller Art.

Das Filmfestival von Cannes ist ein großer Frühjahrsmarkt, der für alle Geschäftszweige etwas bereithält. Der Nationalismus wartet mit seinem Schießbudengebell auf und verteilt gratis Klumpen aus Schlangenöl. Filmverleiher treffen sich zu Kauf und Tausch – Ramschware, Schocker, neu oder alt, eine Sophia Loren für zwei Monroes – je nach Notierung. Berühmte Leindwandschatten werden Fleisch, man kann sie am Strand sehen oder in den Lokalen berühren. Mädchen mit neuen Schenkelkonturen oder Augenbrauenschwüngen warten nur darauf, entdeckt zu werden. Reporter für Klatschkolumnen haben das Ohr im Sand und hecken die Gerüchte aus, die ihre Leser schon kennen. Jedermann lebt von Spesen und Bluff, Cannes macht seinen Schnitt; und die

Filme selbst, die zur Vorführung ausgewählt wurden, rangieren leicht an letzter Stelle.
Der Kleister jedoch, der diesen Jahrmarkt zusammenhält, ist aus den Parties gemischt, die hier jeder gibt. Je nach Herkunftsland unserer jeweiligen Gastgeber lebten wir in Cannes von Champagner und Nüssen, Champagner und Wodka, Champagner und Schnaps, Champagner und Sake, Champagner und Gin. Jeden Morgen führten wir – wie einen nationalen Orden – einen anderen Kater spazieren. Und obwohl jede Party ihren eigenen Ausgangspunkt hatte, endeten sie alle auf derselben Ebene.
Ich gehe ins Carlton, ins Casino, ins Martinez; ich gehe zum Whisky à Gogo. Die Gastgeber, die mich empfangen, sind von überallher; es kommt überall zum gleichen Gedränge. Ein Kampfgewühl an der Bar ist die offizielle Eröffnung des Balls. Verachtungsvolle Kellner gießen ernst und streng Getränke ein, als verteilten sie eine Armensuppe. Der Champagner fließt oder tröpfelt oder versiegt in errechneten und strategischen Gezeiten. Jetzt habe ich's also hautnahe – was ich mein Leben lang im Kino sah. Ganz anders, als ich es mir vorgestellt hatte, wahrhaftig! Gesichter, die mir einst teuer waren, die Sexsymbole meiner Jugend, schwimmen verblassend an meinen Augen vorbei. Vivian Romance beugt sich herüber und bittet um Feuer (ihre Figur auf jenem Bett in Neapel!). Und da ist Lilian Harvey – mit deren Bild ich einst auf eine Buche kletterte ... Beide heute so gemütlich wie meine Tante Alice. Maria Schell umarmt mich mit strahlendem Lächeln: »Lieber Dichter«, seufzt sie, »wir müssen uns wiedersehen.« Jetzt liegt sie in den Armen ihres Partners Curd Jürgens. Photographen sammeln sich; Lichter blitzen auf; die beiden klammern sich aneinander. Doch leider nicht lange. Ein Mädchen mit kohlschwarzen Augen gleitet ins Bild, packt Curds freien Arm und hält ihn fest.
»Mein allerbester Mann«, haucht sie ihm ins Ohr. Ihr katzenhafter Körper streichelt ihn sacht, ihr bemaltes Gesicht schnurrt und glüht. Wer ist das? Eva Bartok! Eine erfreu-

liche Sensation. Maria Schell sieht ernst aus, Eva Bartok legitim, Herr Jürgens wie ein zweifacher Sieger.
So glitzern die Parties, übersteigen ihren Höhepunkt und fallen in sich zusammen. Da ist Ram Gopal in einem Astrachanhut, anmutig an eine Säule gelehnt. Und ein russischer Star mit frisch geschrubbtem Gesicht – ganz und gar Baptistin, dieses Mädchen. Die Soiree der Japaner erfüllt all unsere Wünsche. Laternen umgeben uns. Kleine Männer verbeugen sich. Ihre Mädchen haben hochgetürmtes Haar, Kimonos, Getas und hinten kleine buntbedruckte Fallschirme. Aus den Wänden kommt Schallplattenmusik – Trommeln, gezupfte Saiten und Flöten. »Was ist das für eine Musik?« frage ich so ein Püppchen. Sie schlägt ihre schrägen Augen nieder, hebt den Kopf mit dem unterlegten Haar: »Sie ist sehr provinziell«, sagt sie. »Nichts von Bedeutung.« »Ihr Kimono ist wunderschön.« »Ich habe heute zum erstenmal einen an. Ich komme nämlich aus South Kensington.« Bis zwei Uhr wird Reis mit Huhn und Sake serviert – dann wird das Licht ausgemacht wie in einer Kneipe.
Doch die Party, die ich als allerschönste in Erinnerung habe, war der Lunch, den die Franzosen uns boten. Wir wurden in Kutschen verfrachtet und aus Cannes hinausgefahren, so eilig, als säße uns die Pest im Nacken. In einer hübschen ›Auberge‹, die einsam am Meere stand, zogen sich die Hors-d'œuvres über zwei Stunden hin. Hier sind wir ganz und gar umringt von gutem Essen, Blumen, Wein und Mädchen. Und an diese Mädchen, die die heiße Nachmittagssonne meinen Augen tief eingeprägt hat, erinnere ich mich noch heute.
Da war Jackie, eine kühle blaue Schönheit unter einem Strohhut, die automatisch lächelte, wenn ihr Name fiel. Da war ein barfüßiges Mädchen aus Tahiti, das Liebeslieder zur Gitarre sang und dann verlegen sein Gesicht bedeckte. Da war eine junge französische Schauspielerin, in Gerrards Cross ausgebildet, die ganz begeistert von Hockey und Frikadellen sprach. Da war eine zerzauste Teenagerfigur mit

riesigen melancholischen Holunderbeeraugen in einem rahmweißen Gesicht, die ziellos, träumerisch und schlafbereit dreinsah. Und da war Eva Bartok. Da war eine andere mit langem Haar und violetten Augen und engen karierten Hosen, die hinten zugeknöpft waren. Und da war Eva Bartok. Da war die Kleine mit dem Pony, dem erschöpften Kindergesicht und den chemisch-gelben Lippen. Und eine winzige italienische Krabbe krabbelte zwischen ihren Liebhabern herum. Und da war wieder Eva B. . . .
Doch sie sind eben das, wovon das Kino lebt, die Gestalt gewordenen Flammen, durch die es sich selbst projiziert. Es ist richtig: England scheint ganz gut ohne sie auszukommen, indem es die Hauptbürde seiner Botschaft dem Helden mit dem festgeschlossenen Mund und dem Familienspaß überträgt, wobei die Mädchen meistens als zugehörige Partnerinnen und dienende Ehefrauen auftreten. Hollywood hat die milchsüße, alterslose ›Mom‹ aufgebaut, die im Grunde geschlechtslos ist, deren Liebhaber jedoch ihre Söhne werden. Hier und da freilich, im Umkreis von Frankreich und Italien, übt die Weiße Göttin des Kinos immer noch ihre Macht. In Cannes sah man sie immer wieder – blutwarm, gedankenlos, erdhaft-schön – in ihrer Unbestimmtheit ein Gefäß der Wahrheit, mit ihrer Figur legendenstiftend. Solche Mädchen geheimnisvollen Ursprungs erneuern sich alljährlich, haben leuchtende Haut und poetische Namen zu bieten – Nicole, Mylene, Ma-Ea-Fior. Auf ihrem Weg aus dem Dunklen ins Dunkle sind ihre Bewegungen, ihre Formen und ihre unbeschriebenen Gesichter die idealen Reflektoren der Kameras. Sie sind die Göttinnen, die den Kinotraum beseelen und in diesem unschätzbaren Unterfangen können sie bestehen. Solange man sie liebt, in ihrem Geheimnis bestärkt, sie Frau und nur Frau sein läßt und ihnen nichts erklärt.

Was nun die Filme selbst betrifft: mein Aufenthalt war begrenzt, ich sah etwa die Hälfte, darunter einige der bekanntesten. Man konnte sich nicht vorstellen, daß sie alle die Spitzenleistungen ihres Landes sein sollten, die Auswahl blieb bisweilen ein unerklärliches Geheimnis; man hatte sich bemüht, niemanden zu kränken; fast allen jedoch war eines gemeinsam. Die meisten Filme bargen je nach ihrem Ursprung irgendeine große oder auch winzig kleine Lüge, ohne die sie nicht entstanden wären. Die hohen Kosten und die Summe der Fähigkeiten, die heute bei der Herstellung eines Films zu berücksichtigen sind, setzen Bürgschaften voraus. Und jeder Geldgeber – sei er politisch oder moralisch motiviert oder nur am Geldmachen interessiert – verlangt, daß irgendeine spezielle Illusion vermittelt werde. Doch trotzdem sahen wir manches, was uns in Bann schlug; ein Teil des Vergnügens bestand darin, diesen wunden Punkt herauszufinden.

Das Festival war schon halb vorbei, als der Tag meiner Abreise herankam. Grausame Winde peitschten das Meer und töteten jede Unternehmungslust. Die 6. US-Flotte war zur Hilfe für Jordanien unterwegs, HMS *Birmingham* nahte, um Todd den Yangtse hinabzugeleiten. Journalisten packten und verfolgten Skandalspuren nach Rom. Die meisten Stars waren längst entflohen – selbst Eddie Constantine war fort.
So genoß ich meinen letzten Blick auf das sinnliche Cannes, trank milchigen Pastis und betrachtete die Leute. In den Lokalen war offenbar alles schon wieder ganz normal. Betuchte Witwen mit stämmigen Burschen glitten in blitzenden Wagen vorüber. Alte Damen humpelten zu den Spieltischen. Ein Strandgirl stolzierte im Slip einher; man hatte ihr mit Lippenstift einen Firmennamen auf das Hinterteil geschrieben. Und immer wieder spazierte ein junger Mann mit honigfarbenen Locken auf und ab, auf und ab, hübsch, in knappsitzender Hose, mit behaarter Brust – in seinen hellbraunen Jeans ein Traum aus lauter Haar.
Leicht benommen versuchte ich, die Filme zusammenzuzählen, die ich gesehen hatte, während hinter mir im Lokal der Fernsehapparat die Augen aller Fischer in seinem Bann hielt. Bilder in Hülle und Fülle gingen mir durch den Kopf, und

ich begann ein Gedicht. Doch für wen? Das gedruckte Wort war aus der Mode, war alt und dahin wie die Tontafeln von Ur. Belehrung war heutzutage auf ein mittelalterliches Bauernvolk zugeschnitten, ein Schatten auf der Wand und eine predigende Stimme. »Ein Bild wiegt tausend Worte auf«, sagen sie, »ein Film eine ganze Bibliothek.« Ich schrieb nicht weiter, sondern betrachtete den Sonnenuntergang. Dann sah ich mir durch ein Fernrohr den runzligen Halbmond an und Jupiter, der seine Bälle kreisen ließ.
Schießlich nahm ich den Nachtzug nach Paris, schlief und hatte einen Traum. Ich träumte, ich ging mit der Königin des Festivals spazieren, einer weißgekleideten Schönheit im Taschenformat. Ihr griechisches Gewand war ihr zu groß. Ich nahm es also auf und steckte es mit einer Brosche fest, die ich von der Leiche eines Selbstmörders stibitzt hatte. »Du bist der hübscheste Dörrmann, den ich kenne; der schnellste ohne Füße«, sagte sie. Wir gingen Hand in Hand durch die von Menschen wimmelnde Stadt. Niemand schaute auf und niemand klatschte Beifall.

## *Geschenk des Meeres*

Holland gibt es nur einmal auf der Erde; es ist ein Geschenk des Meeres, ein umgekehrtes Atlantis, eine Nation, von den Niederländern aus den Wogen heraufgeholt. Vor tausend Jahren lag die Hälfte des Landes noch unter Wasser, ganz wie es seit der Eiszeit gewesen war, und den gräbenziehenden, deichebauenden, biberhaft emsigen Holländern gebührt das Verdienst, das Land trockengelegt und der Welt wiedergegeben zu haben.
Holland und seine Bergung ist wohl ein Wunder. Ursprünglich war es weniger Land als eine Ablagerung von Schutt, den die drei größten Flüsse Europas ins Meer trugen, der Abfall des Hinterlands, den die schäumenden Fluten der Schelde, der Maas und des Rheins heranbrachten. Es heißt, die ersten Siedler seien auf Baumstämmen den Rhein heruntergetrieben und hätten so diese sumpfigen Niederungen erreicht, in denen sie nichts willkommen hieß als ein paar verwehte Sanddünen, Salzseen und die schleichenden Gezeiten. Aus diesem halbversunkenen Sumpf zwischen Frankreich und Dänemark, den die einbrechenden Fluten ständig benagten, rollten die Niederländer das Meer zurück wie eine schmutzige Jalousie und legten fettes neues Land frei, ein Land, reich an fruchtbarem Boden, an Geschichte und an Humanität, dessen Lebensstil die Welt befruchtet hat.
Die seefahrenden Niederländer, lange Zeit die traditionellen Rivalen Englands, umgeisterten ständig die Horizonte meines Vaterlands, und als ich noch ein Junge war, geisterten sie auch durch meine Geschichtsbücher und jene Grenzgebiete zwischen Feindseligkeit und Wißbegier. Also unternahm ich kürzlich meine erste Reise in dieses Land, einen einstündigen Flug über die graue Nordsee, um endlich herauszubekom-

men, was hinter jenem sagenhaften Volk steckt, das unsere Vergangenheit ebenso beunruhigt wie bereichert hat. Meine Reise, die von Amsterdam ausging, zog einen großen Kreis, der die meisten Gebiete einschloß, und ich fand dabei weniger von dem, was ich eigentlich erwartet, und viel mehr Schönes, als ich mir vorgestellt hatte.

Holländische Blumenzwiebeln, holländische Scheunen, Kanäle und Windmühlen, drollige Clowns in weiten Hosen und Holzschuhen, derbe rosige Gesichter, mit Karbolseife geschrubbt und eine Landschaft so flach wie ein mißlungenes Soufflé: solche Bilder, gebrauchsfertig im Reisegepäck, kann man von Anfang an beiseitetun. Mit ihnen ist die Wirklichkeit nur entfernt verwandt, wie das bei den meisten Vorurteilen der Fall ist; sie hatte vielmehr eine lebensprühende, reale eigene Qualität, die weit erstaunlicher und mannigfaltiger war.

Mein erster Eindruck von Holland war der eines siegreichen Schlachtfelds, eines trotzigen Grenzlands zwischen Himmel und Meer; es war eine leuchtende Horizontale aus lauter Licht und Wasser, dahineilenden Wolken und ungeheuren Spiegelungen. Die Felder, die so zierlich zwischen Meer und Deichen eingebettet lagen, wirkten verletzlich wie Blumenblätter – ein Sinnbild der Vergänglichkeit, das fast wehtat, als wären sie etwas Schwebendes und Gefährdetes. Wenn ich lauschte, war es den ganzen Tag, als hörte ich das rhythmische Arbeiten der Pumpen, die die Fluten im Gleichgewicht und das Land am Leben erhielten. Doch die komplizierten Anlagen zum Schutz vor dem Meer haben die Widerstandskraft von Jahrhunderten voll rauher Erfahrung, und die holländischen Bauern führen hinter ihnen, immer den Ruch des bedrohlichen Meeres in der Nase, ihr Leben in der kühlen Zuversicht von Seeleuten.

Der Flughafen Schipol bei Amsterdam liegt dreizehn Fuß unter der Meeresoberfläche, und der Name bedeutet ›Zuflucht der Schiffe‹. Es riecht dort nach salzigen Brisen, Weiden und Lauch; und überall ist Wasser, wie Löcher auf einem Planeten. Amsterdam selbst ist Anfang und Ende der

Niederlande, und dort habe ich auch meine Reise begonnen und beendet. Es ist so heiter wie Paris, so ungezwungen wie London und (meine ich wenigstens) so schön wie Venedig. Wie Venedig wurde es ins Meer gebaut (ist aber, im Unterschied zu Venedig, nicht zu einem Fossil für die Touristen geworden). Seine Hauptstraßen bestehen aus Wasser, und fünfzig Kanäle werden von mehr als vierhundert Brücken überspannt. Man sieht die Stadt am besten, wenn man durch die Grachten fährt – ihre Befestigungen, die geheimen Gewölbe, die Stadttürme, die Speicher und den Reichtum der turmgeschmückten Patrizierhäuser aus dem siebzehnten Jahrhundert. Fast unglaubhaft in unserer Zeit der Betonbauten, sind diese alten Häuser die Perlen Amsterdams; sie säumen die gewundenen Grachten in anmutigen Reihen, mit schmalen Fronten, hohen Giebeln, heiter-gelassen, jedes anders in seinen vielsagenden Einzelheiten, und doch alle in stilvoller Harmonie vereint. Die eleganten Giebel beben tagsüber im wässerigen Licht, werden bei Sonnenuntergang zu gehämmerter Bronze und verwandeln sich nachts in altsilberne Kameen, beleuchtet von den Scheinwerfern, die in den Bäumen hängen.

Dies ist eine moderne Stadt, die sich noch immer am heimischsten in den romantischen Requisiten ihrer Vergangenheit fühlt – den Patrizierhäusern und Speichern der handeltreibenden Abenteurer, die sie einst zum reichsten Hafen Europas machten. Geht man die belebten Kais entlang mit ihren nägelbeschlagenen Toren und den ausgetretenen Stufen, die zum Wasser hinabführen, so fällt es einem nicht schwer sich vorzustellen, man wäre eben erst von einer Reise zu einer sengendheißen Gewürzinsel zurückgekehrt.

Und es ist eine Stadt für die Jungen; man sieht sie überall, Studenten aus der ganzen Welt, die in Cafés sitzen, Hand in Hand spazierengehen, unter Brücken ihre Bücher lesen oder ihre Fahrräder wie Rudel von Rotwild mit Silbergeweihen an die Mauern der Universität lehnen. Man könnte ein Liebeslied auf Amsterdam schreiben, auf seinen redlichen

Wirklichkeitssinn, sein angenehmes Gleichgewicht zwischen Arbeit und Vergnügen und auf die Wärme der Kontakte, die diese Stadt an ihren menschenfreundlichen Kais und Wasserstraßen zur Schau stellt.

Kurz, mir sind nicht nur Amsterdams Diamanten und Liköre in Erinnerung geblieben, sondern auch die kleinen Läden in seinen schmalen Gassen, Läden, in denen Vogeleier, Schmetterlinge, Fernrohre, geteerte Seile und mittelalterliche Landkarten verkauft werden. Auch die billigen Studentenlokale wie *Brootje van Kootje*, wo man dicke Sandwiches mit Fleisch oder Krabben essen kann. Und die vielen indonesischen Restaurants, wo sich der Gast bei Mahlzeiten mit vielen Gängen leicht für eine Woche sattessen kann.

Ich hoffe, ich kann mir auch in einer Ecke meines Gehirns die Erinnerungen an einige Gemälde bewahren, die ich im Rijksmuseum sah – die goldenen Leinwände Rembrandts, der in Amsterdam zur Welt kam, und so viele Zeugnisse noch weiterer Jahrhunderte holländischer Kunst. Ekstatischen Träumen gleich hingen hier frühe Bilder, Visionen aus der Heiligen Schrift, kühle holländische Jungfrauen, gefestigt durch den Glauben, zärtliche Winterlandschaften mit fröhlichen Bauern auf Schlittschuhen, in scharlachroten Kitteln, leuchtend wie Vögel im Schnee; sinnenfrohe Blumenstöcke (ein Tautropfen auf einem Blütenblatt spiegelt einen winzigen, aber ewigen Sommer); Zecher und Lautenspieler, befeuert von Wein und Musik; eine Kreuzigung wie gefrorenes Mondlicht; und geheimnisvolle Porträts von Witwen, die Säcke voller Gold ans Herz drücken, und von Kaufleuten mit hohen Hüten, die ihren Gewinn zählen. Diese Sammlung läßt eine der erstaunlichsten Leistungen Hollands erkennen – eine unablässige Blüte der Kunst vom Mittelalter und der Renaissance bis zum goldenen Zeitalter Rembrandts, gefördert durch die Kirche, dann durch den Handel – wobei vielleicht der Künstler listig das letzte Wort behielt.

Arbeit, Erholung und eine prickelnde geistige Erregung,

ständig belebt von zufälligen Freundschaften und den spiegelnden Grachten – das macht das ganz eigene Gesicht Amsterdams aus. Und auch hier bekommt man, wie in den meisten anderen Ländern der Welt, rasch ein Gefühl für die Stadt in ihren Lokalen. Im Hoppe's etwa – bei tropischen Weinfässern mit Etiketts wie Port à Port, Crème de Cacao, Curaçao – fand ich Handel und Kultur so dicht beisammensitzend wie Klubmitglieder, sah ich Aktentaschen zwischen Bärten. Es war Abend, und es herrschte ein Gesumme wie in einer spanischen Taverne, das von Bootsleuten, Bankiers und Bürgermeistern kam. Es gab auch hagere Künstler, noch feucht von Farben, ein paar Jazzmusiker, die sich für die Nacht mit Essen vollstopften, Studenten, dürstend nach Visionen, Liebende, die den Ecken zustrebten und ein junges Mädchen, das Jeans und eine Tiara trug ...
Ein anderes Lokal, das Scheltema, liegt unmittelbar neben dem Postamt und war eigentlich eine gemütliche Kneipe für Schriftsteller. Hier gab es einen langen schmucklosen Raum mit einem eisernen Ofen in der Mitte, mit Holztischen, Schreibpulten und Zeitungen, Inseln des Schweigens und der Anregung, einem Journalisten, der seine Korrekturbogen las, einem wortreichen Schreiber, der seinem Mädchen die Ohren vollschwatzte, und in der Ecke war mit gesenktem Kopf bei einem Krug Wein und einem Buch ein Dichter wirklich an der Arbeit.
Holland ist eine Verdichtung fruchtbaren trockenen Landes, dem Meer gegen seinen Willen abgerungen. Dennoch bleibt es ein Seefahrerland, ein Volk der Matrosen, und das kann man nicht vergessen, wohin man auch immer geht; selbst im Binnenland haben die Bauern eine Art Seemannsgang, als wären sie sich der Festigkeit des Bodens nicht ganz gewiß. Die Städte sind wie Seehäfen, mögen sie noch so weit von der Küste entfernt liegen, die Häuser stets umarmt von Kanälen und Schiffen. Sie sind keine Kopien Amsterdams, sondern provinziell und ganz anders, wenn auch den meisten etwas von der unverhüllten Menschenfreundlichkeit der Hauptstadt anhaftet. Ich habe zwei von diesen Städten

aufgesucht: s'Hertogenbosch im Süden und Groningen im äußersten Nordosten.

Groningen gehört zu den älteren Teilen Hollands, östlich von Friesland an der nördlichen Straße nach Deutschland – diese Gegend wird nicht nur deshalb weniger besucht, weil sie abseits liegt – sie hat weniger ins Auge fallende Sehenswürdigkeiten. Mich überraschte, als ich hinkam, wie die Stadt sich aus Feldern sonnverbrannten Weizens wie ein Eierbecher inmitten einer wohlgelungenen Pastete erhob, und es gefiel mir, weil es so anders war, daß ich nicht vorüberfahren konnte.

Groningen bedeutet Zucker, Getreide, Blumen, Tabak, Schiffsbau und Gelehrsamkeit. Kanäle ziehen sich wie Baumringe um sein Zentrum und markieren das tausendjährige Wachstum der Stadt. Sie ist provinziell und doch weltläufig, landumschlossen und doch nautisch, und ihre Universität ist alt und berühmt. Meine Haupterinnerung ist der Vismarkt mit seinen Pariserischen Kastanienbäumen, seinem Pflaster, das von Eimern voller Rosen bedeckt war, und den Mädchen, die die Blumen wie goldene Bienen umschwirrten – nordische Studentinnen mit pollenbestäubtem Teint. Ganz in der Nähe war auch der Grotemarkt, der Hauptplatz der Stadt, wie ein Mongolendorf mit Verkaufszelten vollgepfropft, wo ich Holzschuhe und Honig kaufte und ein paar dünne geräucherte Aale – die besten, die ich je gegessen habe. Die Aale kamen aus Kampen an der alten Zuidersee und schmecken kleinfingerdick am besten. Die schwarze Seidenhaut zieht sich ab wie ein Strumpf und gibt das leicht rosa angehauchte Fleisch frei; während ich bei meinem Rundgang auf dem Markt davon abbiß, war mir, als genösse ich die köstlichste Sublimierung des Kannibalismus.

Meine Stunden auf dem Grotemarkt wurden musikalisch von den Glocken des Martiniturms geviertelt, deren federleichte Harmonien durch die Luft geschwebt kamen, als trügen Tauben sie in ihren Schnäbeln. Dieses dreihundertjährige Glockenspiel ist der Stolz der Stadt, und die Nachkommen seines Erbauers betreiben das Geschäft noch immer.

Man sagte mir, daß es in ihrer Fabrik nichts Besonderes gebe – »nur unansehnliche Leute, die mit Sand herumwirtschaften«. Aber diese holländischen Glocken sind berühmt; es ist, als ob sie die Luft vergoldeten, und die Holländer läuten sie gern.

Auf den Grachten dieser Stadt bewegten sich uralte Lastkähne aus Amsterdam so langsam wie der Schatten auf der Sonnenuhr; in den Museen mischten sich Überbleibsel aus der Bronzezeit mit verruchten kleinen römischen Gottheiten; dann sah ich eine Kirche, die mit Schnitzereien von alttestamentarischen Opfern vollgestopft war – bärtige Propheten und blutende Lämmer und ein mittelalterliches Armenhaus, das über der Tür die Inschrift trug: »Spotte nicht. Keiner kennt sein Schicksal.«

Die meisten Lokale in Groningen schienen von Seeleuten betrieben zu werden, die sich zwischen ihren Fahrten um die Welt ein wenig ausruhten. Ihre Reden klangen rauh vom Slang aus zehn Sprachen, und ihre Erinnerungen waren bunt wie Papageien. Abends bevölkerten Studenten die Lokale, spielten Schach oder sprachen vom Schicksal; sie trugen rote Kappen mit langen leuchtenden Federn, die geradewegs aus ihrem Gehirn emporzuwachsen schienen.

Fast jeder in der Stadt sprach fließend englisch, denn die Holländer sind sprachenbegabt; es war aber ein etwas anderes Englisch, mit kapriziösen Abweichungen, so daß man nie ganz genau wußte, was gemeint war. Ich erinnere mich, daß ein Student die Befreiung von Groningen nach der Belagerung von 1672 folgendermaßen beschrieb: »We were attacked by persons from all the world«, sagte er, »but by God, you know, we beat it!« (»Wir wurden von Leuten aus der ganzen Welt angegriffen, aber, bei Gott, wir sind abgehauen, verstehen Sie.«) Ein anderer lud mich zu sich nach Hause ein und beschrieb mir den Weg – oder vielleicht war es ein Wunschtraum, den er hegte. »Es gibt da drei große Wohnblocks«, sagte er, »und ich wohne im ersten.« Ich ging hin, aber es waren vier, und zwar ziemlich kleine, und er wohnte im dritten.

Doch meine größte Überraschung in dieser Provinzstadt war das raffinierte Essen. Die meisten britischen Hotels (jedenfalls außerhalb Londons) bieten einem traurige Gerichte an, gekocht in Eisenbahndampf und serviert im Geiste des Familiengebets. Hier jedoch bekam ich *Gigot d'agneau à la Provençale*, Wildente auf chinesische Art und einen weißen Rheinwein (Deidesheimer Hergottsacker), so klar und kühl wie Tau aus einer Grotte. Der Oberkellner nahm mein Lob mit Würde entgegen, er hatte offensichtlich an anderes zu denken. »Ich muß jetzt Herrn X zwei Hummer servieren«, sagte er, »er ist sehr eigen.« Herr X leitete die örtliche Werft, die gerade eine Jacht für den Fürsten von Monaco baute. Während ich so meine abgehangene Wildente aß und den Hoflieferanten bei seinen Hummern beobachtete, schien mir Groningen doch eine recht vielseitige Stadt zu sein.

Das nahezu unaussprechliche s'Hertogenbosch, das im Süden nicht weit von der Maas liegt, bot eine weitere Variante des Provinzlebens. Sein Name bedeutet Herzogswald, und ich fand es mittelalterlich, reich geschmückt und lebendig. Es ist eine katholische Stadt mit den fröhlichen, üppigen Lokalen, die so oft mit dem Glauben verbunden zu sein scheinen. (Dabei frage ich mich, ob die Sorte von Lokal, wo man stehend mit gesenktem Kopf eilig sein Gläschen trinkt, nicht vielleicht nur eine Erfindung der Nonkonformisten ist.) Ich verbrachte hier einen Abend in einem tollen Café, Lieder zu einer mechanischen Orgel singend – einem Relikt aus dem Paris des Can-Can, herrlich verziert und mit lebensgroßen Göttinnen aus Wachs geschmückt. Hier trank ich einheimischen Gin, der wie ein verrückter Verwandter des Calvados schmeckt und den Gaumen unversehens für sich einnimmt. Als spätes Nachtmahl aß ich Forelle und das üppig geschmorte ›Jagdgericht‹ (das eigentlich auf dem Rücken eines Pferdes gegessen werden soll) und nahm darauf den einheimischen Weinbrand, vermischt mit kochendem Zucker, dazu Bossche Koek (ein Ingwergebäck) mit Kaffee.

S'Hertogenbosch ist keine Touristenstadt, hat aber seine geheimnisvollen Schönheiten; reglose Grachten voll silbernen Lichts, die wie Quecksilberbäder an die Häuser schwappen, und Giebel, von Kletterpflanzen überwachsen, deren spitzflügelige Blätter den Teufeln des Hieronymus Bosch gleichen. Dieser Surrealist des fünfzehnten Jahrhunderts ist tatsächlich in dieser Stadt geboren, und in der Kathedrale kann man manche seiner Werke sehen. Die Kathedrale soll die schönste von ganz Holland sein, ihr Glockenspiel das erlesenste von ganz Europa; jeden Mittwochvormittag finden Vorführungen seiner Glocken statt, und in dieser Zeit stellen die Cafés ihre mechanischen Orgeln ab.

Holland ist eines jener kleinen Küstenländer, die in der Welt soviel Lärm gemacht haben, daß er weit übers Meer widerhallte. Es liegt in sich zusammengerollt da wie eine Nordseegarnele, hält des Ijsselmeer ans Herz gepreßt und streckt einen gekrümmten Fühler aus sandigen Inseln in Richtung auf Skandinavien aus. Zusammengehalten wird es von seinem Gespinst aus Wasserwegen, und seine Städte sind die Knoten in dem Netz. Doch zwischen den Kanälen liegt das fruchtbare grüne Ackerland, vielfach unterhalb der Meeresoberfläche. Und überall, wohin ich auf meiner Rundreise kam, begegnete mir jene Einheit und Vielgestaltigkeit von Küste und Landschaft, wie sie nur die Holländer Europa als ihren Stempel aufgeprägt haben.

Zuerst die windzerzausten Dünen nördlich von Den Haag, die im Sommer ausschließlich von Kindern bewohnt zu sein scheinen – braunbeinigen hübschen Kindern mit geheimnisvollen eisblauen Augen und blonden, fransig geschnittenen Haarkappen. Sie flitzten durch den Sand, als wären sie eine Brut der Wogen, schrien einander wie Seevögel zu, und in ihren Gesichtern trat die Herkunft der Engländer und Amerikaner zutage, denn sie waren Angelsachsen aus erster Hand.

Diese Dünen zogen sich etwa siebzig Meilen nach Norden hin und waren mit Geschützstellungen und verfilztem Gras bedeckt – einer der ursprünglichen Seewälle, hinter denen die Holländer im Mittelalter ihr Land trockenzulegen und zu befestigen begannen. Hier war Oude Holland, ein nordwärts weisender Damm, der Städte trug wie Granatringe, mit so unendlich viel Himmel darüber, daß die Straßen wie Wasser glänzten und die Wagen in der Luft zu fahren schienen. Die dem Meer abgewonnenen Felder lagen verschieden hoch (die ältesten waren die tiefsten), neben ihnen verliefen Kanäle in Giebelhöhe, und die Schiffe segelten zwischen den Schornsteinen dahin. Die vom Wind gebeugten Bäume neigten sich alle nach derselben Seite, und die Felder waren apfelgrün. Füllen standen im Gras und leckten einander die Schultern; es gab Windmühlen wie große angehaltene Uhren; Jungen angelten in Gräben voller Seerosen, und von der Höhe der Deiche sahen Kühe ihnen zu. Hier irgendwo entrang sich einst Sir Philip Sydney, erschöpft vom Sommer und den Kriegszügen in Holland, ein Gedicht wie ein kurzer schriller Schrei, der ehrlichste Seufzer, den je ein Krieger hören ließ:

> O Westwind, schenke uns dein Wehn
> und laß es regnen, sanft und kühl!
> Gott, hielt' mein Lieb ich doch im Arm
> und läg ich doch auf meinem Pfühl...

Im Norden dieses alten Schlachtfelds liegt neu gewonnenes Land, das erst vor kurzem aus dem Meer gehoben wurde, große Flächen reifen Weizens, die sich in schweren Wogen breiten, als wäre die See noch da – aber nun eßbar. Dann kommt der Zwanzigmeilendamm durch die Zuidersee, ein dünner Kreidestrich, über offenes Wasser gezogen, der erst neuerdings die ganze Geographie des Landes verändert und aus einem Meer einen sanften See gemacht hat. Jenseits des Dammes, in Friesland, liegt wieder altes Land, von dem manches schon im Mittelalter eingedeicht worden ist; dort sprechen die blonden Bauern mit dem Seemannsgang – an Besucher nicht gewöhnt – eine eigene Sprache und züchten ihre schwarzweißen Rinder, die auf dem leuchtend grünen Rasen aussehen wie Negative, die man Agfacolor-Landschaften aufgeklebt hat.

Saust man zwischen den Ortschaften dahin, so empfindet man unablässig schmerzhaft den Anprall des Lichts, als wäre alles aus einem regengewaschenen Himmel gerissen. Aber im Umkreis der Bauerndörfer gibt es Stille, langsame Bewegungen von Menschen und Gras, stetige Rhythmen von Kähnen und kräftigen Pferden, die Lasten über Felder und Gewässer ziehen. Südlich von Friesland stehen die Dörfer angeordnet wie Gemälde, so vollkommen, daß man sie kaum zu betreten wagt; und an den weiten Becken der drei großen Flüsse ist alles so still, daß man die Fische hören kann. Ich weiß noch, daß ich einmal, als ich die Maas auf einer Fähre überquerte, in eine kleine Stadt am Fluß kam, die aussah, als hätte sie noch nie jemand besucht. Ob ich eine Panne gehabt hätte, fragten sie. Ob ich jemanden suchte? Ob sie den Pastor holen und mir den Kirchhof zeigen sollten? Sie gaben mir zu trinken auf dem schönen Marktplatz, der bis auf spielende Kinder verlassen war; und die Kinder waren ebenfalls schön – eine Mischung aus buttergoldenen Blonden und einem dunklen Einschlag aus Ostindien ...

Diese merkwürdige intensive Nähe, als sähe man die Dinge unter Glas, ist eine der rätselhaftesten Eigenheiten Hollands – alte Scheunen mit Reetdächern und leuchtenden Moosflechten darauf; alte Bauern mit gestickten Käppchen; alte Frauen auf Fahrrädern, den Kopf vor dem Wind eingezogen, die Röcke gebauscht wie Piratensegel; die flachen, glattgebügelten Felder, aufgeräumt wie Spieltische; leuchtende Flecke aus Gartenblumen; und die hellrückigen Kühe, die längs der Deiche standen wie altes Porzellan auf Schauborden.

Einer von den Holländern, der auch in den Jahren seiner Verbannung dieses eigentümliche Licht seiner Heimat nie vergaß, war van Gogh. In einem Wald nördlich von Arnhem (er heißt De Hoge Veluwe) findet man eine der schönsten Sammlungen der Welt des van Goghschen Werks. Über zweihundert Bilder aus allen Lebensphasen hängen in einer Galerie, die zwischen Bäumen steht. Hier sind die goldsprühenden Sonnenblumen, die Blumen der holländischen Hausgärten; die Rhythmen des Windes in Wolken und Feldern; das leuchtende Delfter Blau; das dunklere Blau der tonigen holländischen Erde; und jene wettergegerbten knorrigen Porträts, durchleuchtet von einer stillen grünen Glut, als spiegelten sich in ihnen die alten Kanäle. Van Gogh, der Meister, überragte die Deiche und war weniger national als die meisten holländischen Maler. Aber ein Besuch in Holland hilft einem, mit van Goghs Augen zu sehen, wo einfache Gegenstände – ein Stuhl, ein Tisch, ein Krug – doppelt beleuchtet und aus ihrem Hintergrund herausgehoben erscheinen. Solchen Gegenständen verlieh er Identität und verstärkte ihre Bedeutung noch, indem er sie mit dem Ganzen verschmolz, so daß seine Sonnenblume das Leben, sein Stuhl ein Porträt der Einsamkeit ist und seine späten Landschaften die gemarterten Gewinde der Schöpfung. Mir ist besonders eine seiner frühesten Arbeiten in Erinnerung geblieben, die Bauernfamilie beim Essen; ihre lehmig durchfurchten Gesichter schienen aus der Erde herausgegraben, und die Hände, mit denen sie aßen, waren wie Wurzeln...

Trotz der Kultiviertheit der Städte, Rotterdams und Den Haags, ist diese bäuerliche Struktur immer noch die holländische Wirklichkeit. Sie ist überall da, in den Bräuchen und in der Kleidung, in den Überlieferungen, in der Arbeit und in der Muße. Ich erinnere mich, daß ich in dem Dorf Bemmel bei Nijmwegen einmal zufällig auf einen Ponymarkt kam. Es war ein Jahrmarktsfest, die Felder ringsum waren leer. Kleine Mädchen trugen Zaumzeug und einen ganzen Jahresbedarf an Gerten; stämmige junge Bauernburschen in Samtanzügen klopften mit Malagastöcken gegen ihre Holzschuhe. Es waren Zelte aus Goldstoff wie bei einem mittelalterlichen Turnier aufgestellt, in denen die Burschen mit ihren Mädchen tanzten oder auf Fässern saßen, Bier tranken und flirteten – und das alles um zehn Uhr vormittags. Unter den Bäumen neben den Zelten waren mehrere hundert Ponies zusammengetrieben, mit buschigen Schweifen und goldenen Mähnen, und die Bauern bekräftig-

ten ihr Geschäft, indem sie sich – dem Brauch entsprechend mit mürrischem Gesicht – den Handschlag gaben.
Es war ein richtiger Dorfmarkt, solid und selbstvergessen, ohne Zugeständnisse an Touristen oder Gäste. Ein anderes Dorf, in seiner Abgeschlossenheit noch rätselhafter, war Staphorst an der Straße von Groningen, wo erst vor kurzem ein einheimischer Ehebrecher auf einen Karren gesetzt und zu seiner Schande durch die Straßen gezogen worden war. Hier lebte eine puritanische Gesellschaft noch nach der Moral des fünfzehnten Jahrhunderts; sie trugen alte Trachten – und haßten Kameras.
Ich kam an einem Sonntagmorgen nach Staphorst und fand das Dorf verlassen. Langsam spazierte ich die leere Straße entlang, die Augen geradeaus gerichtet, und zeigte, daß ich nichts in den Händen trug. Jedes Fenster war verschlossen, entweder mit schweren dunklen Vorhängen oder mit kleinen Scheiben aus undurchsichtigem blauen Glas. Ich sah nichts und hörte nichts; so kam ich bis ans Ende der Straße und begann den Rückweg. Da merkte ich allmählich, daß Gardinen sich bewegten, daß hinter den Geranien Gesichter steckten. Ich war der Tourist, aber Staphorst war zu Hause, und Staphorst beobachtete mich.
Es war, wie wenn man sich in einem Walde befindet – ringsum wimmelt es von unsichtbarem Leben, und nur der spähenden Augen im Unterholz ist man sich bewußt. Dann bemerkte ich, daß sich die Nerven – vielleicht, weil ich allein war, oder weil meine Augen sich daran gewöhnten – langsam beruhigten. In der Ferne hüpfte plötzlich eine winzige Gestalt über die Straße, der eine andere in der entgegengesetzten Richtung folgte. Dann sah ich ganz nahe ein Kind in weitem Rock und Haube, das mich ernst betrachtete. Es war wie ein altes Bild. Nach und nach erschienen weitere Schatten, die Kleider aus einem anderen Jahrhundert trugen – eine Mutter und ein Kind in den gleichen strengen Gewändern, ein Junge in Samt, der an einem Apfelbaum lehnte, und vier junge Mädchen, düster wie ein griechischer Chor, die schweigend um einen Brunnen standen. Besonders die

Mädchen wirkten wie aus einer anderen Welt; sie waren von Kopf bis Fuß schwarz gekleidet – schwarze Schals, lange Röcke und Schuhe mit Silberschnallen, dazu schwarze, unter dem Kinn gebundene Hauben. Ich ließ sie in ihrem wachsamen Schweigen dort zurück, die Gesichter weiß gegen all das Schwarz, im sonntäglichen Garten harrend, geboren für die Burschen in Samt, geboren für dieses Dorf, das sie vielleicht nie verlassen würden.

Staphorst war weithin eine Welt für sich, wie eine Seite aus einer alten Bibel; doch ich merkte, daß es die alten Trachten in Holland in zwei Versionen gibt: die echten und die schlau berechneten. In Staphorst sind sie das Gewand einer religiösen Überzeugung, aber in manchen Paradestädten, etwa in Marken und Volendam, trägt man sie, um dem Touristen mehr Farbe für seine Fotos zu bieten. Unten in Zeeland dagegen – wo die vier Delta-Inseln wie Finger in das Maul der Nordsee greifen – hat die Abgeschiedenheit eine Anzahl alter Trachten erhalten, die noch von den Frauen der Bauern und Fischer getragen werden. Man sieht sie vorübereilen, wenn sie Eimer voll Fische auf den Markt tragen, so reich gekleidet wie Königinnen der Stuarts; Puffärmel, Spitzenschleier, gestickte Schals, Korallenketten, ein verwirrendes Geklirr schweren Goldschmucks – alle zeigen sie reichen Schmuck, doch fein variiert, und alle sind sie ein Blickfang gegenüber der modernen Eintönigkeit. Der gestärkte Kopfputz aus Spitze kann rundlich wie ein Kürbis sein oder auch schmal und schlank wie Selleriestengel, der goldene Kopfschmuck steil emporsteigen wie gewundene Hörner oder das Gesicht einrahmen wie barbarische Scheuklappen. Diese Last aus reinem Gold, die täglich zu Markt getragen wird, kann mehrere tausend Pfund wert sein; oft ist sie sogar die Mitgift der Trägerin, die sie vielleicht bis zu ihrem Tode trägt. Aber diese Herrlichkeiten schwinden dahin, die Trägerinnen werden älter, und wer sie noch sehen will, muß sich beeilen. Denn diese seltenen Vögel eines vielfach puritanischen Paradieses werden bald ebenso ausgestorben sein wie der Vogel Rock in Madagaskar.

Zeeland hat es wie andere Gebiete Hollands gelernt, am Rand der Katastrophe zu leben. Seine einzige Sicherheit sind die Deiche, ›die Träumer und Wächter‹, die ersten und zweiten Verteidigungslinien gegen das Meer, so stark wie die Hände und der Glaube, die sie bauten, aber dennoch nicht gefeit vor Verrat und Schicksalsschlag. Zweimal in den letzten zwanzig Jahren, erst durch Krieg und dann durch Sturm, wurden die Deiche durchbrochen und die Inseln überflutet. Es bedeutete Wüstung und Tod, als die See zurückkam; dann folgte der langsame Wiederaufbau der Deiche. Heute plant man riesenhafte neue Anlagen, um die Inseln mit dem Festland zu vereinen und die Meeresarme für immer abzuriegeln; wieder eine jener prophetischen Gebärden eines geduldigen Volkes, das das Meer niemals als unbezwingbar angesehen hat.

Vielleicht ist es das wirklich nicht; aber es gehört zu den Eigenschaften der Holländer, daß sie die Macht des Meeres kennen und daß sie leidenschaftlich an einem Boden hängen, dessen sie nie ganz sicher sein können, und an ihren Städten und Feldern, den kostbaren und gefährdeten, die sie mit Mut und Liebe zusammenhalten. Das wurde mir auf meiner Reise durch Holland ständig vor Augen geführt und verlieh all dem, was ich sah, seinen besonderen Wert.

Meinen letzten Abend in Amsterdam verbrachte ich in einem kleinen Studentenlokal, das mit Manifesten über den Sinn des Lebens austapeziert war. Hier unterhielt ich mich bis zum Morgengrauen mit einem lang aufgeschossenen Studenten und seinem kurzen, dicken Gefährten. Mehrere Stunden lang dozierten sie und stellten Fragen, diskutierten Jazz und heikle philosophische Probleme. Der magere Don Quixote erklärte mir, daß sie von den beiden Universitäten der Stadt kamen: »Hier Materie, dort Geist.« Sancho nickte zustimmend, er bewunderte den Großen und besonders dessen letzte Frage: »Wie können Sie einem Holländer das Vorhandensein von Zweifel beweisen, wenn Zweifel keine Dimensionen hat? . . .«

Das war Holland; ein Land, vom Wasser hell gewaschen,

leuchtend wie ein Fenster mit Glasmalerei, durch das man auf ein ertrunkenes Land blickt, das lebt, das keine Dimension des Zweifels kennt, sich die Flut auf Armeslänge vom Leibe hält und den Seewolf von den Deichen aus zurückschlägt. Ein Land aber auch, dessen Menschen, praktisch wie sie sind, das Meer benutzen, um die Welt auszuweiten; die New York gründeten, den Indianern Manhattan abkauften, Brooklyn und Harlem den Namen gaben; die in Australien und Ostindien Pioniere waren – und die sogar das Golfspiel erfunden haben sollen.

Ihre zweite Gabe ist Klarheit; Klarheit des tätigen Muts, die Klarheit ihres Lichts und ihrer Kunst; ein Land der strahlenden Schlichtheit, in dem man vor dem Himmel mehr Dinge sieht als irgendwo sonst auf der Erde. Mit dem Schatz seiner Vergangenheit und seiner gegenwärtigen Lebenskraft wirkt es als Beispiel – ohne Gewaltsamkeit. Was es der Welt gibt, gibt es mit zwei Händen – ›Materie und Geist‹, wie die Studenten sagten.

## *Die Zuckerinseln*

Bei meiner Ankunft im Karibischen Meer – es war meine erste Reise in diesen Teil der Welt – geriet ich mitten in eine Seeräubergeschichte. Vor der Küste Trinidads war die *Santa Maria* aus Portugal von ihrer meuternden Besatzung in Besitz genommen worden und irrte damals noch bei ihren Versuchen, sich Gesetz und Strafe zu entziehen, zwischen den zahlreichen Inseln umher. In den Tavernen von Port of Spain diskutierten Seeleute die Chancen des Schiffes und zeichneten mit rumfeuchten Fingern Karten auf die Tische. Dem geächteten Schiff galt die Sympathie von Jahrhunderten, denn dies hier waren ja die Freibeuterinseln Henry Morgans und seiner Küstenbrüder, geplünderter Galeonen und versunkener Königsschätze. Vor der Bucht kochten und schäumten die Riffe, als kühlten glühende Schwerter im Wasser. Ich war es mehr als zufrieden, gerade zu diesem Zeitpunkt eingetroffen zu sein; mir schien alles gerade so, wie es sein mußte.

Ich war mit einem Nachtflug aus London gekommen, empfand es aber als unpassend, so leicht nach Trinidad gelangt zu sein. Diese dämpfige, zweigehörnte, stierköpfige Insel berührt schon fast die Küste Südamerikas. Meine Vorfahren, die Seeleute waren, hätten sechs Monate gebraucht – zur See bei Pökelfleisch und möglicherweise mit Skorbut –, um einen Punkt auf der Karte zu finden, der noch nicht einmal **festlag und von** dem nur wenig mehr zu erwarten war als Mühsal. Heute steigt man aus dem Flugzeug, als müßte das so sein, in einem sauberen kühlen Anzug, nach viertausend Meilen Himmel, und findet ein frohes Treiben mit geeisten Getränken und vertrautem Englisch auf einer Insel vor, die nur eine Tagesreise entfernt liegt.

Mir schien Trinidad weniger hergerichtet, weniger routine-

mäßig pittoresk, als mich die Prospekte hatten erwarten lassen – die Mannigfaltigkeit der Landschaft und das Rassengemisch bieten dem Reisenden eine befriedigendere Kost. Kontinente werden leicht starr und schal, aber Inseln bleiben in Gärung und Bewegung; die Geschichte Trinidads und die feurige Mischung seines Blutes sind die Triebkräfte, die uns das stürmische Leben der Insel schenken. Trinidad ist der Schmelztiegel der karibischen Kultur, und es teilt seinen Geist den anderen Inseln mit, so daß fast alles, was wir als ›typisch‹ ansehen – die Musik, die Kleidung und das Verhalten – hier seinen Ursprung hat. Wie die Vereinigten Staaten hat es viele Rassen in einen Topf zusammengeworfen und etwas Neues daraus geschaffen. Der Kalypso zum Beispiel setzt sich aus vielerlei Zutaten zusammen. Die uralt einheimische Exaktheit des Kariben und Arawakindianers, die halbarabischen Saiteninstrumente Spaniens, englische Hoftänze, die irische Gigue, der schottische Reel, der portugiesische Fado, die erotischen Posen der Franzosen, die feineren Elemente Chinas und Ostindiens und schließlich der nordamerikanische Jazz – das alles ergriff der westafrikanische Neger und hämmerte daraus etwas Wuchtiges und Seltenes. Der afrikanische Sklave und seine freien Nachkommen haben eine dieser vielen Kulturen geschaffen. Begabt mit einem wachen Sinn für Nachahmung und Erfindung und einem ursprünglichen Gefühl für Rhythmus, lernte der Afrikaner in Jahrhunderten der Unterdrückung etwas anderes – die Tröstung durch Parodie und Witz.
Gerade dieses vielfältige Antlitz Trinidads bezauberte mich als erstes, als ich aus dem feuchten London kommend hier landete. Was aus der Luft wie grüner englischer Rasen ausgesehen hatte, schoß zu acht Fuß hohem Zuckerrohr empor. Ein jäher Regenschauer blies vom Gebirge herein, aber niemand spannte einen Schirm auf. Während der Fahrt vom Flughafen sah ich Landschaften wie von Gauguin gemalt – rote Hügel, aus Südseepalmen aufsteigend, junge Hindumädchen, die in leuchtenden Saris badeten, und Wasserbüffel, die im Schilf wateten. Ich roch brennendes Zucker-

rohr – zur Hälfte süßer Duft von Kräutern, zur Hälfte das Aroma kochender Sahnebonbons. Es gab Hütten, die – kühl und trocken – auf Stelzen standen, elegante Fußgänger mit Eimern auf dem Kopf; und darüber erhoben sich die Krane und Gerüste eines neuen luxuriösen Hilton-Hotels.
Es war die heißeste Stunde am Nachmittag. Ich ging Port of Spain erkunden. In der Bucht lagen Barken und Bananenschiffe, Schaluppen und Einbaum-Kanus, und alle schaukelten gemächlich in einem zinnblauen Dunst unterm Schatten eines großen Passagierdampfers der Cunard Line. Die Stadt wirkte schäbig, war aber auf eine träge Weise lebendig; Holzhütten standen zwischen Läden aus Beton. Geschmeidige Mädchen mit kastanienbraunen Wangen ergingen sich in leuchtend bunten Kleidern im kühlen Schatten der Veranden. Gut aussehende schlanke junge Männer mit schwimmenden Augen lehnten in klassischen Posen in den Toren. Ich sah Chinesen, Hindus, vornehm-bärtige Yorubas, Angelsachsen und Indianer aus Venezuela. Es gab Kreolen mit schmalen Schultern, Spanier mit Backenbärten und prachtvolle Neger; schwarzes Haar, blondes Haar, Locken und Strähnen und jede Hautfarbe vom hellen Mittag bis zur dunklen Mitternacht. Doch die Mischung ergab eines: eine einzigartige Gemeinschaft, die in einem trägen Strom zusammenfloß und in jenem musikalischen Dialekt schwatzte und plauderte, der den auf Trinidad Geborenen verrät.
Dieser Klang erwärmte mein Herz. Er erinnerte an zu Haus und war doch frisch wie die Sprache eines erfinderischen Kindes. Er grüßte mich ringsum, als ich an den Docks entlangschlenderte. »Sie vielleicht von *Santa Maria?*« »Schon verdammt lange her, daß wir nicht in Tipperary waren«. »Sind Sie Franzose oder Spanier, Mann?« Aus einem Lokal hörte man Gesprächsfetzen: »Das ist nicht exakt, Sir. Da brauchen Sie keinen Salomon dazu. Das wird man doch sagen dürfen...« Eigenartig waren auch die Schilder über manchen Läden: ›Holsum Bakery‹, ›De Rite Shoe Shop‹, ›Sincere Company Limited‹, ›Mon Repos Grocery‹, ›Sea View Bar (Mr. Chin-a-Fat, Manager)‹. Ich sah ein Indianer-

restaurant, in dem *Paella Valenciana* zu griechischer *Bouzouki*-Musik angeboten wurde, und einen Mann, der ein Hemd trug, auf dem eine alte englische Postkutsche die Hänge des Fudschijama hinauffuhr.

Unmittelbar vor Einbruch der Nacht ging ich stadtauswärts auf die Küstensümpfe und Vororte zu. Hier war die Barakkenstadt am East Dry River, ein Ort von fast apokalyptischer Fremdartigkeit. Er war übervölkert und doch öde, rauchig von Feuern aus allerlei Abfall, eine rote Wüste aus Hütten und Wasser. Holzhäuschen waren in den Sümpfen auf alten Tischbeinen errichtet, an denen nackte Kinder hinaufkletterten. Kleine Jungen boten an der Straße Sumpffische zum Verkauf an, in schwarzen Bündeln wie Fahrradreifen. In der untergehenden Sonne waren alle Sümpfe rot, und die Feuer loderten hellauf; Geier spazierten steifbeinig am Strand entlang, vom Wind zerzaust, hochmütig und düster.

Am nächsten Morgen fuhr ich zum Strand von Maracas Bay, zehn Meilen nördlich von Port of Spain. Mein Fahrer war Pierre, ein Bauernjunge aus dem nahen Toco, der mich in rhythmischen Schwüngen die Bergstraße hinauffuhr. Die Straße war neu, im letzten Weltkrieg gebaut, und der Dschungel liegt noch im Kampf mit ihr. Herabgefallene Felsbrocken, Erdrutschmassen und Baumwurzeln streiften unsere Räder, als wir im Zickzack zwischen ihnen hindurchfuhren.

Pierre war froh, aus der Stadt heraus und wieder in den kühlen Bergen zu sein, wo er geboren war. Wir ließen uns Zeit, hielten oft an, und er zeigte mir vielerlei im Walde, die Nester der Baumameisen, die würgenden Kletterpflanzen, die Lager von Buschmeisterschlangen und Skorpione, die sich sonnten. Pierre sagte, er sei als Kind fünfmal von Skorpionen gestochen worden, aber jetzt könne ihm keiner mehr etwas anhaben. Er fing sie gern lebendig und briet sie zum Abendbrot – sie schmeckten köstlich, wie Garnelen. Pierre zeigte mir auch die Dschungelgewächse: die rotblühende Immortelle, den wilden Tabak mit seiner sanften weißen

Blüte und den wilden Kaffee, den er mich kauen ließ. Ich sah einen Kanonenkugelbaum, an dem große schwarze Kugeln hingen, die klappernde Bohne der ›Frauenzunge‹ und zwei niedrige Melonenbäume, einen männlichen und einen weiblichen, steif hingestellt wie auf einem Hochzeitsbild.
Maracas ist eine Bucht von fast vollkommenen Proportionen, ein Sandbogen wie eine Riesenmuschel mit hohen, schrägen Palmen und Negerjungen, die in den Wogen radschlagen. Die frischen leichten Passatwinde kühlten die Mittagssonne in der Bucht und bogen die Palmen zu Fächern. Wir tranken am Strand ein Bier und schwammen dann im Meer, das so warm und klar war wie die Luft.
Auf der Rückfahrt erzählte mir Pierre von seiner Kindheit in den Bergen drüben im Osten am Leuchtturm von Galera. Ein gutes Leben, arm, aber mit all der Nahrung, die der Wald umsonst lieferte; alles was man brauchte, schien es, man mußte sich's nur holen. Da gab es Muskatnuß, Kakao, Kaffee, Brotfrucht, goldene Äpfel, Bananen und Mangofrüchte. Mit seinen Brüdern machte er Jagd auf Gürteltiere, fing Baumameisen als Hühnerfutter, stahl Kokosnüsse wegen der Milch und Süßrohr wegen des Zuckers und zerquetschte Kakaobohnen, um Öl zum Kochen zu gewinnen. Die Tage waren üppig und die Abende in der Hütte gemütlich; ein ölgetränkter Fetzen in einer Flasche gab Licht, während sein Vater damit beschäftigt war, Rum zu brauen, und ein gepökeltes Schwein über dem Feuer im Rauch hing ...
Am nächsten Tag flog ich zum nahen Tobago, das manchmal auch Robinsoninsel genannt wird. Mit ihren Stränden aus Weißkorallen und Ziegen und Kokosnüssen wäre sie ihm sicher recht gewesen. Es ist eine Insel für Hochzeitsreisende, kompakt wie eine Nuß, und es lohnt die Mühe hinzufahren. Am Morgen spazierte ich um die Milford Bay, in einem langen Bogen wie ein Elfenbeinhorn. Ein magerer schwarzer Hund mit den funkelnden Augen eines Eremiten erschien von nirgendwo und lief neben mir her. Zwei oder drei Stunden lang war es, als befänden wir uns ganz allein auf

der Insel, deren Elemente aus einem Traum zu stammen schienen. Die makellosen weißen Sandflächen, von Wind und Wellen reingewaschen, zeigten keine Fußspuren außer den meinen und denen des Hundes Freitag. Frische Wolken wanderten über den heißen blauen Himmel und versprühten Regen wie kleine Schlucke Quellwasser. Ich ließ das Schweigen, die Sommerwärme und die strahlenden Bilder der Bucht langsam in Geist und Körper einsinken. Schwere schwarze Pelikane schwebten über dem Meer oder tauchten rasch mit zurückgelegten Flügeln ein. Oder es blitzte plötzlich ein hysterisches Licht auf, wenn fliegende Fische aus dem Wasser heraufschnellten, sich wie Kiesel über die träge Oberfläche schleuderten und in einem funkelnden Sprühregen explodierten.

Nur wenige Schritte vom Strand und seinen wie Schnee blendenden Sandflächen entfernt trat man in eine andere Welt und eine andere Jahreszeit ein – in den grünen, hochragenden Wald aus Kokospalmen, von denen der angestaute Regen kühl heruntertropfte; eine weiße Ziege war im dampfenden Unterholz angebunden, und eine kleine schilfgedeckte Hütte stand verlassen. Kein Laut außer langsam fallenden Regentropfen und den nassen Flügeln der Vögel, die als strahlende Streifen durch die Luft herabstießen. Für den eingeengten Nordländer wie für den schiffbrüchigen Seemann war das immer noch ein unverhofftes Asyl.

Nicht mehr als fünfundzwanzig Meilen lang und nirgends breiter als sieben Meilen, ist Tobago eine Insel für Weltflüchtige. Einst eine schwimmende Festung vor dem spanischen Festland, wurde es zweihundert Jahre lang heftig umkämpft. Manche Kaps sind noch heute mit Kanonen bestückt, aber seit fast hundertfünfzig Jahren ist es nun eine Insel des Friedens, die schläfrig im Ring ihrer Kokospalmenküsten ruht. Um die Riffe wimmelt es von verwirrend schönen Fischen, auf den Sandstränden liegen Muscheln, prächtig wie Orchideen, die funkelnden Nächte sind voller Glanz und Sterne, und die Paradiesvögel sind zum Greifen nah.

Nach dem Rückflug von Tobago begann mein letzter Tag in Trinidad. Ein zitternder Regenbogen pfählte die Insel. Ölige schwarze Bäche sickerten aus den Bergen, und über den Sümpfen lag ein Gifthauch. Wie leicht vergißt man diesen anderen Reichtum Trinidads – den fettigen Asphalt unter seiner Rinde.
Port of Spain war so heiß und betriebsam wie immer. Ich ging noch ein letztes Mal auf den Markt. Da gab es Früchte in allen Farben, Fische und Fleisch, ganze Tische mit Gewürzen und seltsame Baumrinde. Blaue, in Fasern eingewickelte Krabben lagen ineinander verknotet wie Installationsmaterial. Ein Kunde prüfte ein paar zusammengebundene Hühner, befühlte die Federn, sah hinter die Flügel, während die zerzausten Vögel mit aufgesperrten Schnäbeln dalagen wie ein Haufen gebrauchter Handtaschen. Ein anderer Kunde feilschte mit einem spitzzüngigen Verkäufer: »Willst wohl dein Leben lang ein Räuber bleiben?« Solche Märkte sind der sichtbare Herzschlag der Städte, während der wohlgeordnete Supermarkt das Herz in der Gefriertruhe ist.
Der Karneval von Trinidad sollte in wenigen Wochen beginnen und Port of Spain traf schon seine Vorbereitungen. Die Läden waren angefüllt mit Seiden- und Musselinstoffen, golddurchwoben mit Sternen für die Mädchen. In der Savanne baute man Tribünen, und die Bands stimmten ihre Instrumente. In jeder Stadt und in jedem Dorf probten die Kalypsodichter neue Songs für den Kampf um die goldene Krone.
Ich verbrachte meinen letzten Abend in einem ›Calypso Tent‹, in einem großen, kahlen Saal in der Duke Street. Keine Schau für Touristen – dies war ein scharfgewürztes Gericht aus Musik und Satire für die Inselbewohner. Mighty Sparrow, Lord Melody und andere Exoten probierten ihre neuesten Inventionen an den Gläubigen aus. Der vollgestopfte Saal schaukelte wie ein Feld schwarzer Bohnen zu den verzwickten Witzen und Wortspielen, während draußen auf der Straße noch einige hundert Menschen mehr ihr Teil durch die offenen Fenster abbekamen.

Man hat den Kalypso ausgeschlachtet, ausgeweidet und kastriert, um ihn den ängstlicheren Ohren der Nordländer anzupassen. Aber in den ›Tents‹ von Trinidad bleibt er ungezähmt, ist er immer noch so scharf wie ein streunender Gepard; er hat Zähne und Klauen – und bisweilen eine Art fellweicher Zartheit – und ist die wahre Stimme dieser mischblütigen Insel.

Man stelle sich eine abgefallene Birne vor, die im Wasser schwimmt, oder einen gläsernen Kelch, so grün wie Irland. So lag Barbados nach anderthalb Flugstunden von Trinidad unter mir im tropischen Meer. Es wirkte sanfter, idyllischer als jene andere Insel, und es war sicherlich mehr aus einem Stück. Die englischen Siedler, die vor über dreihundert Jahren hierher kamen, hatten es unverkennbar geprägt. Sie waren Herrenfarmer und hatten sich weißer Arbeitskräfte bedient, um die Wälder zu roden. Nachdem sie Tabak gepflanzt hatten, gingen sie auf Zuckerrohr über, und zu diesem Zeitpunkt importierten sie die afrikanischen Sklaven. Man sieht noch heute die großen Landhäuser weit hinten in den Zuckerrohrfeldern stehen, mit eleganten Zufahrten, die durch Alleen aus Mahagonibäumen führen – eine tropische Parodie des englischen Ideals.
Doch andere Einflüsse haben dieses kühle Konzept belebt; der übermütige Einschlag des Afrikanischen findet sich überall, ganz wie die leuchtenden Schwälle der Vegetation – des karibischen Dschungels, der zurückschlägt. Die grüne nordische Insel, die man aus der Luft erblickt, sieht wahrhaftig anders aus, wenn man unten ist. Wo das Zuckerrohr aufhört, fängt die wilde Insel an, die umspült ist von einem Gezeitensaum aus Blumen. Flamboyant, Jacaranda, Hibiskus und Oleander, der buttergelbe Zedrach, die afrikanische Tulpe und zarter roter Jasmin, alles lodernd wie Moses' feuriger Busch. Außerdem ist es eine Insel schwirrender Kolibris, Wespen und Turteltauben; eine Insel der Mungos, Affen und des pfeifenden Frosches, der im Mondschein wie ein Vogel singt.

Ich ließ mir Barbados von einem alten Neger zeigen, der Ennis hieß und mit einem Akzent sprach, der an Cornwall oder die Cotswolds erinnerte. »Was sollen wir uns heute anschauen?« fragte er mich jeden Morgen. Er erinnerte mich an meine Onkel in Gloucestershire. Wie ich feststellte, war sein Akzept typisch für Barbados; möglich, daß er auf Siedler aus Westengland zurückging. Ennis zeigte mir die Insel, ihre seltsamen Klippen und Senken, ihre Korallengrate und tiefen, waldigen Rinnen, in denen Süßwasserquellen (die in diesen Breiten sehr selten sind) funkelnd aus unterirdischen Seen hervorsprudeln. Er zeigte mir die Schlupfwinkel des Affen, den fliegenden Fisch der Bathseba, die Klippenhöhlen der Arawakindianer, gab mir Früchte (manchmal Wildfrüchte) zu essen, die er von den Bäumen pflückte, und murrte unentwegt über seine Rückenschmerzen.

Mit Ennis sah ich eine Insel voll merkwürdiger Mahnzeichen, eine Art verstaubtes Andenkenalbum – wogende Zuckerrohrlandschaften und verfallene Windmühlen, ausgetretene alte Pfade, auf denen einst Kamele zogen und von Sklaven erbaute ›Burgen‹, einst Wohnsitze von Tyrannen, heute Hotels mit ruhigem Komfort. Ich sah auch Ortsnamen, merkwürdige Wortverbindungen, die teils von Geschichte, teils von Gefühlen zeugten – Indian Ground (Indianergrund), Mount Misery (Elendsberg), Strong Hope (Feste Hoffnung) und Graveyard (Friedhof), Sweet Bottom (Süßboden) und Prerogative Prospect (Vorrechtsland). Besonders bewegend waren die Dorfkirchen mit ihren Steintürmen, schläfrig-ländlich, und ihre Grabsteine trugen Inschriften für treue Sklaven oder für Mädchen, die jung am Fieber starben.

Diese Kirchen sind zwar so englisch wie Tee und Biskuit, sehen aber Sonntags ganz anders aus. Dann platzen sie aus den Nähten, wenn Negerchöre ihren Gottesdienst mit durchaus afrikanischer Leidenschaft ausüben. Sonntag in Barbados – das werde ich nicht vergessen, diesen Feiertag lebendiger Frömmigkeit. Hier gibt es kein schmallippiges puritanisches Trauern, es ist ein Tag, den man wie Karneval begeht. Wunderhübsche schwarze Kinder, weiß behandschuht und bändergeschmückt, in frischgestärkten, mit Volants besetzten Kleidern, sind so appetitlich anzusehen wie verzuckerte Schokolade, sie sind wie Blumen, die entlang der Straße blühen. Schmucke Väter und Brüder und Mütter in Schutenhüten aus Stroh geleiten die strahlend schönen Kinder in die Kirche, aus der dann rhythmischer Gesang hervorbricht, wie man ihn sich bei einer Hochzeitsfeier vorstellen könnte.

Zusammen mit Ennis sah ich, wie die Zuckerrohrernte begann, der Höhepunkt des Jahres auf Barbados. Leuchtende junge Riesen mit blitzenden Macheten hackten sich ihren Weg durch das Rohr wie Dämonen. »Er schneidet das Rohr reihenweise«, sagte Ennis. »Manche schaffen zehn Reihen am Tag. Den Abfall nimmt er für sein Vieh mit heim. Schafe und Schweine. Zuckerrohrfleisch. Die Bank des kleinen Mannes.« In den Augen des alten Ennis war das Zuckerrohr immer noch das Herzblut von Barbados, noch immer heilig, der grüne Daumen Gottes. »Einen Rohrbrenner erwischen«, murmelte er. »So jemanden sollte man lieber totschlagen. Das wäre besser als das, was wir mit ihm machen...«

Der Abend, die kurze Spanne des Sonnenuntergangs, war für mich auf der Rückfahrt vom Land die farbenreichste Zeit. Eine halbe Stunde in einem Licht, das wie fette schmelzende Butter die Hütten der Dörfer salbte und mit seiner letzten Goldglut die Blumen und die über die Büsche gebreiteten Unterröcke aufleuchten ließ. Dann saßen Männer in Gruppen mitten auf der Straße, spielten Dame, tranken Zuckerrohrsaft oder unterhielten sich – plauderten mit jenen seltsamen ruckartigen Armbewegungen, als wollten sie ihre Worte dem Hörer zuwerfen. In einer Türöffnung zwei Klatschbasen mit Hüten, sie hielten sich bei der Hand, in ein heimliches Gespräch vertieft. Im nachdenklichen Gesicht eines ausruhenden Negers mochte man noch einen Widerschein der Blässe eines längst verstorbenen Engländers fin-

den. Noch merkwürdiger war das Bild, das sich unvermutet zwischen den Hütten bot, wenn hier und da goldblonde Kinder auftauchten – die Nachkommen der ›Red Legs‹, der weißen Arbeiter aus der Anfangszeit, oft politischer Rebellen, die vor mehreren hundert Jahren aus England hierhergebracht wurden und die seither immer unter sich geblieben sind.
Meine Erinnerungen richten sich am liebsten auf das Innere der Insel, weil mich gerade das besonders anzog. Die Strände und Hotels sind die trägen Spielplätze, zu denen man immer wieder leicht zurückkehren kann. Von den Städten gefiel mir Bridgetown besonders abends wegen des zerlumpten Lebens auf seinen Straßen. Doch auch bei Tage ist es nicht ohne Reiz, denn es trägt noch die Spuren der Geschichte. Es steht dort ein Standbild des Seegottes Horatio Nelson; George Washington war hier einst in Garnison, und die arkadengeschmückte Kaserne der alten britischen Festung ist immer noch das schönste Bauwerk der Stadt. Feuer, vulkanische Asche, Bürgerkrieg und Pest haben nacheinander hier gehaust. Seither ist es nun schon fast dreihundert Jahre lang ein Hauptplatz für die Verschiffung von Zucker und Rum. Barbados ist reich an Sonne und fruchtbarer Erde, an Duft von Blumen und Früchten, an Wohlgeschmack seiner Gerichte (Pfeffertopf, Preßsack und Sülze, Spanferkel, Fliegender Fisch und Jug-Jug), an korallenweißen Herrenhäusern längs der Küste von St. James, wo Millionäre sich niedergelassen haben, an tafelglatten Stränden mit ihren umspülten Riffen und den braunen Stunden, die man dort verbringt, an Arbeitsliedern der Einheimischen (der Erdarbeiter und Böttger, der Fischer und der Schauerleute für die Bananenschiffe) und vor allem reich an Eleganz, Wärme und Vitalität der Inselbewohner, an ihrem stolzen und streitsüchtigen Witz. Barbados trägt noch den Stempel der Besonderheit, mit seinen Korallenküsten und dem unberührten Binnenland, mit einer Atmosphäre, die mir manchmal so köstlich und berauschend erschien wie sein Rum. Die ganze Insel hat etwas faszinierend Verschwommenes, das einem

die Erinnerungen an andere Gegenden rauben kann. Man braucht auf dem Luftweg etwa acht Stunden von New York – eine andere Welt, nur einen kurzen Schlaf entfernt.

Als letzten Ort, der mir in meiner karibischen Sammlung noch fehlte, besuchte ich Jamaika, die nördliche Insel. Über tausend Meilen von Trinidad entfernt, ist diese größte der westindischen Inseln in mancher Hinsicht die gemischteste – eine neonbeleuchtete Vergnügungsküste mit Fünf-Sterne-Raffinement umgibt ein Binnenland, das fast so wild ist wie Afrika.
Nach einem Tagesflug von Barbados kam ich abends an und landete in Montego Bay – dem Ferienzentrum an der Nordküste der Insel, gegenüber Kuba und Florida gelegen. Am Flughafen begrüßt man uns mit kostenlosem Rumpunsch: »Herzlich willkommen im Namen des Verkehrsvereins.« Auf dem Dach meines Hotels – es war das Landhaus von Blairgowrie – hatten sich mehrere Bussarde wartend niedergelassen. Ich setzte mich auf die Terrasse, führte mein Glas mit einem Eisgetränk an den Mund und schaute auf die Bucht mit ihren Mangroveinseln hinaus. Mehrere Male sagte ich zu mir selber ›Jamaika‹, konnte aber immer noch nicht glauben, daß ich wirklich da war. Dann spielte eine Band, ein großer Mond ging auf, die Bucht erglänzte wie ein Tablett voller Diamanten, während ich über dem Meer mein Flugzeug erblickte, das Kurs nach Norden nahm, nach New York und in einen wilden Schneesturm hinein.
Am nächsten Morgen erwachte ich in einer mittsommerlichen Dämmerung; der Himmel glühte ziegelrot. Die Vögel bildeten einen Chor unentwirrbarer Geräusche – es klang, wie wenn Nähmaschinen surren, Standuhren ablaufen, Eltern mißbilligend tz-tz-tz machen, Stoff zerreißt und Marmor splittert. Ich finde, Vögel sprechen das Gefühl stärker an als Essen oder Musik – sie machen deutlich, ob man zu Hause ist oder in der Verbannung.
Nachdem ich die Wildnis im Inneren Jamaikas schon am Abend vorher bei meinem Flug über die Insel flüchtig ge-

sehen hatte, dachte ich mir, ich sollte hingehen und sie mir rasch noch einmal anschauen. Ich nahm also den kleinen Triebwagen nach Appleton. Es ging auch gleich die abgelegenen Schluchten hinauf in ein Gebiet, das keine Autostraßen kennt. Die Bahngleise waren alt und ruhten auf handbehauenen Schwellen, die von Gras und Wildblumen durchwachsen waren. Wir begegneten Frauen und Kindern und kleinen schwarzen Schweinen, die auf ihrem Weg zum Markt auf dem Bahngleis gingen. Das war ihre Straße, sie machten sich kaum die Mühe beiseitezutreten, und die hölzernen Schwellen schimmerten blank von ihren Füßen. Es war wie ein Pfad auf dem Lande, und an den Tunnelöffnungen grub man sich durch ein Rankengeflecht tropfender Farne.
Auf unserer Reise kamen wir an Wäldern aus Bambus und Seidenholzbäumen vorbei, überquerten eine Hochebene mit Vieh im Palmenschatten und schlängelten uns durch eine Reihe von Dörfern wie vom Ende der Welt, wo die Frauen ihr Gesicht bedeckten und nackte Kinder auf Bäume kletterten. Wir hielten in Bergorten, die auf der Karte ziemlich groß aussahen, in Wirklichkeit aber nur aus fünf oder sechs Hütten bestanden. In der einzigen Straße von Cambridge las ich an einer Tür einen Anschlag mit Fragen, die der Sphinx Kopfzerbrechen gemacht hätten: »Wer wurde nicht geboren und ist nie gestorben? Wessen Gebeine erweckten die Lebendigen vom Tode?« In Catadupa war, wie sich herausstellte, gerade Schlachttag: frisches Fleisch hing an Drähten von den Bäumen, ein Fleischer maß Streifen von Hammelfleisch aus, und auf einem Schild stand: »Hier wird gekocht.« Bei Ipswich besuchten wir eine Kalksteinhöhle; »Heiß wie Baumwolle dadrin«, sagte ein Neger. In Maggotty war das Gleis mit Kokosnüssen bedeckt, die erst weggeräumt werden mußten, ehe wir weiterfahren konnten. Am Ende der Bahnstrecke, im mitten auf der Insel gelegenen Appleton, war Zahltag, und es wurde ein Markt im Freien abgehalten. Leuchtende Kleider und Kasserollen hingen an Leinen in der Sonne, bemaltes Porzellan, Strohhüte und

Körbe; es gab Schweinefleisch und Obst, Maiskolben, wilden Honig und Kokosmilch. Im kühlen Schatten schmauchten alte Hexen ihre Pfeife, klapperige alte Autos waren an Bäume angebunden, Esel und Ziegen wanderten träumerisch umher, und aus Eimern schöpfte man Bier und Sirup. Ich kaufte einem Mädchen mit einem Korb ein paar Zigarren ab. Sie hatte »welche für einen Penny«, »welche für zwei« und »welche für sechs«. Dann kehrten wir alle zu dem wartenden Zug zurück, der mit einem ohrenbetäubenden Pfeifen die Heimfahrt antrat.

Wir waren am Rande des Cockpit Country gewesen, jenes wilden und geheimnisvollen Berglands, in das sich die Maroons, die Nachkommen afrikanischer Sklaven, geflüchtet hatten, wenn sie den Spaniern entkommen waren. Dreihundert Jahre lang haben sie ihre Freiheit verteidigt und sind nun eine eigene Rasse im Herzen Jamaikas. Das Cockpit ist offensichtlich eine Berginsel, und die meisten Straßen hören an seiner Grenze auf. Mehrere Maroons kamen jedoch, um einen Blick auf unseren Zug zu werfen: man sah ihre Gesichter aus dem Wald hervorspähen, verwittert und schwarz wie eingelegte Walnüsse. Sie sind die ältesten und stolzesten Afrikaner Jamaikas.

›Jamaika‹ heißt in der Sprache der Arawak ›Land aus Wald und Wasser‹ – für die frühen Indianer Symbole des Überflusses. Später hinterließen rohere Siedler aus Spanien ebenfalls Namen der Dankbarkeit: Rio Bueno und Ocho Rios, Oracabessa und Montego Bay – die letzten beiden verballhornt aus den spanischen Wörtern für ›Goldhaupt‹ und ›Schweinefett‹. Aber den friedlichen Arawak-Indianern, die von den Spaniern ausgerottet wurden, lag weniger an Gold als an Wasser. Jamaika hilft dem angespannten Menschen aus dem Norden, sich zu entspannen; es ist vage und unproblematisch. Obwohl ich nur kurz dort sein konnte und vieles in meinen Aufenthalt hineinzwängen mußte, blieb mir doch ein bunter Strauß von Eindrücken: ich erinnere mich an eine Fahrt in einem Auto, das nur im Rückwärtsgang fahren wollte (und das ausgerechnet ins ›Land des Rückwärtsschauens‹); an die phosphoreszierende Bucht längs der Nordküste bei Falmouth, die nachts wie in Quecksilber schwamm: Discovery Bay, still und verlassen, wo Christoph Kolumbus zum ersten Mal landete, und das nahe Sevilla, der Platz, an dem die erste spanische Stadt stand, jetzt so verlassen wie Ninive oder Troja. Ich erinnerte mich an den vier Meilen langen Fern Gully, der nach Ocho Rios führt, einen tiefen Canyon voll verfilzter Bäume, wo die Sonne ausgesperrt ist und die Nacht früh einbricht, und wo es ganze Schwärme von Leuchtkäfern gibt; an die bedächtige Redeweise der Jamaikaner und ihre traubenblaue Haut, an die hohe Anmut ihres Gehens und Stehens, an ihre Märchen von Geistern und Spinnengottheiten, an den reinen Rhythmus ihrer Musik.

Ich erinnere mich an Getränke aus Rum und Kokosnuß, die in ausgehöhlter Ananas serviert wurden; an das Schwimmen in Doctor's Cave, wo das Wasser so klar war, daß man zu schweben glaubte und nichts unter sich sah als den eigenen Schatten auf dem Meeresgrund; an die weitläufigen Golfplätze und die großen Hotels, die sich wie goldenes Laub längs der Nordküste ausbreiteten – an das Half Moon Hotel, die Zufluchtsstätte der Industriekönige und Filmstars, wo man die Tische mit Orchideen aus Plastik schmückte (und das in diesem Land der Blumen); auch an Eaton Hall, das ein ehemaliger britischer Teepflanzer betrieb (Curry-Lunch mit ›südindischen Beilagen‹) und an Ridgley's Steak House in Montego Bay, wo die Steaks mehrere Pfund wogen und so dick, brutzelnd und saftig-zart waren, daß ich nicht umhin konnte, mir die Hälfte für den nächsten Tag einzuwickeln. Ich erinnere mich an einen kurzen Flug nach Kingston und an eine blutige Schlägerei auf der Straße; an den scharfen Geruch eines echten Seehafens; an Spanish Town aus der Luft gesehen, knochenweiß und verlassen, eine kostbare Kamee, von der Geschichte beiseite gelegt; an Jungen, die sich bückten, um aus einem Dorfwasserhahn zu trinken, die Hände wie zu einer Schale aus Ebenholz gebogen; an Kinder, die nach der Zuckerernte

Nachlese auf den Feldern hielten und an Zuckerrohr saugten oder es heimtrugen, um Saft daraus zu gewinnen.

Für alle, die Zeit und Lust haben, Geld auszugeben, bietet Jamaika alle Möglichkeiten. Man kann in den Gebirgsbächen Äschen angeln oder auf See mit der Schleppangel Speerfische fangen, man kann auf dem Floß vom Blue Mountain den Rio Grande hinabfahren, durch Canyons voller Vögel und Dschungel, oder in den Sümpfen des Black River auf Krokodiljagd gehen, oder die Seeräuberbuchten absegeln. Es gibt Nachtlokale, Kabaretts, Bankette und Tanzveranstaltungen entlang einer Küste, die Cannes an Luxus nicht nachsteht. Oder im Inselinneren eine unbetretene Welt, die so geheimnisvoll ist wie die Mondgebirge.

Trinidad, Tobago, Barbados und Jamaika: das sind nur vier aus dem Kreis der Karibischen Inseln. Jede ist anders, aber der Rhythmus ist der gleiche, der gemeinsame Taktschlag der westindischen Sonne. Hauptsaison ist der Winter, wenn die Reichen und die Müden auf diese Zufluchtsinsel fliegen. Das Leben ist nicht billig, aber wenn man im Sommer hingeht, kostet fast alles nur die Hälfte. Der ›Sommer‹ dauert in der Karibik ohnehin das ganze Jahr, bei einer Durchschnittstemperatur von 30 Grad. Die Inseln liegen über ein weites, warmes Meer hingestreut, aber die Luft macht sie zu Trittsteinen. Hinter den glasig-blauen Stränden findet man in ihnen, wie in Flaschen eingeschlossen, noch immer ein exzentrisches Gebräu. Der vom Gold besessene Spanier, der genießerische Franzose, der handeltreibende Holländer und der freibeuterische Engländer – sie alle haben ihre Spur in der Landschaft, in den Bräuchen, in der Sprache, der Religion und im Blut hinterlassen. Doch für all die vielen Elemente, die den Kariben ausmachen, ist der Neger der Katalysator. Mehr als alles andere bleiben die Farbe und die übersprudelnde Kraft dieser Inseln ein Tribut an die Lebenskraft Afrikas.

## *Die Stimmen Irlands*

Irland begann für mich auf dem Flugplatz von London, wo Nonnen auf Rolltreppen himmelwärts entschwebten. Alle Namen aus den Lautsprechern begannen mit dem rhetorischen O, und allenthalben blickte man in irische Augen. Die adretten Mädchen der Aer Lingus mögen zwar ihr Haar getönt haben, aber das tiefe Blau ihrer Augen konnten sie nicht färben. Im Flugzeug lasen Herren in Tuchmützen das Pferdesportblatt (›Zweijährige Reineclaude lohnt Risiko‹) und der Kapitän gab seine Erklärungen in gälischer Sprache ab – aber in hinlänglich vertrautem Tonfall, so daß ich meine üblichen Flugängste herauslesen konnte.

Der Flug nach Shannon war stürmisch, die Wolken verzogen sich erst im letzten Augenblick, als ich meinen ersten raschen Blick auf Irland werfen konnte – ein Schwall alter grüner Felder, von struppigen Hecken unterteilt, Vieh wie Knochen auf einem gleitenden Stoff, schmale Gassen, krumme Bäume und schäumende Holunderbüsche, von einem atlantischen Sturmwind gepeitscht.

So unvermittelt nach dem sauber aufgeräumten England mit seinen Börsenmaklergütern schien mir das eine Landschaft zu sein, wie ich sie seit meiner Kindheit nicht mehr zu Gesicht bekommen hatte – ungeordnet, zottig, wild und doch vertraut, eine Gegend, der die Maschine noch nicht ihre Farbe und ihre Eigenwilligkeit geraubt hat. Ich war in Westirland gelandet, am Rand der Grafschaft Clare, in einem Stück der ausgezahnten atlantischen Küste, und obwohl ich Engländer war und zum erstenmal in dieses Land kam, empfing man mich wie einen heimkehrenden Fürsten.

Clare ist ein Land der Burgen und ich war noch gar nicht lange da, als ich schon zwei von innen gesehen hatte – ›Dromoland‹ Castle, wo ich die erste Nacht verbrachte, und

›Bunratty‹, wo ich zu einem Bankett eingeladen wurde. Beide Burgen waren Bollwerke der kriegerischen O'Briens, Nachkommen des ersten Königs von Irland: ›Dromoland‹, heute ein Traumhotel der Luxusklasse, in einem baumbestandenen Park von 1500 Morgen gelegen, und ›Bunratty‹, ein Turm aus rosenfarbenem Stein, den man vor kurzem mit einem neuen Dach versehen hatte.

Das Bankett im ›Bunratty‹ war eine beabsichtigte Scharade, serviert von Mägden in Samtkleidern des fünfzehnten Jahrhunderts, ein Schmaus mit mittelalterlichen Gerichten, die man mit gewetzten Dolchen aß, zu Met und zur Musik von Spielleuten. Der Sturm hatte sich müde geblasen, als ich zum Schloß fuhr, und sogar die Landschaft wirkte mittelalterlich – goldene Felder voller Riedgras, ein Mädchen mit Umhang, das Kühe hütete, ein Pferd, das am Fluß Besengras rupfte ...
Auf dem Schloß erwies man mir die Ehre, mich für den Abend zum Grafen zu erheben und im Bankettsaal auf den Ehrenplatz zu setzen, wo ich meinen eigenen Mundschenk und Vorkoster sowie Befehlsgewalt über die Spielleute hatte, Leckerbissen an meine Freunde verteilen und Rüpel zu einem kurzen Aufenthalt im Verlies verurteilen konnte.
In dem kerzenerleuchteten Saal befanden sich etwa zweihundert Gäste, und jedes Gericht wurde zuerst mir gereicht. Ich weiß noch, daß wir Speisen aßen wie gefüllten Eberkopf, Geflügelfleisch in weißer Soße und Schweinsfüße in Gelée, hinabgespült mit Krügen voll Claret, die auf den Met folgten, und daß zuletzt das Sillabub nicht ausging.
Ein ›mittelalterliches Bankett‹ – das mag nach einem ziemlich gewagten Unterfangen klingen, doch dieses hier wurde durch seine Vitalität und seinen Witz ein Erfolg. Vielleicht hätte sich außer den Iren niemand etwas derartiges leisten können, aber es war ein Vergnügen mitzumachen. Die Iren sind – einer wie der andere – geborene Schauspieler, sie produzieren sich gern, schlüpfen in die Geschichte so leicht hinein wie in einen alten Rock und haben außerdem Sinn

für eine leise Selbstironie, die sie davor bewahrt, den Gefahren des Tourismus zu erliegen.
Es war alles in allem gar keine so schlechte Einführung in das Wesen Irlands. Man hielt uns mit Stil und Grazie zum Narren. Und irgendwo tief verborgen unter dem ganzen liebenswürdigen Schwindel lag die Wirklichkeit, auf die er sich gründete. Die O'Briens waren in den klobigen Gemäuern des Schlosses noch lebendig, das Essen war eine echte Erfrischung, und wenn die Spielleute und die Serviermädchen spielten und sangen, wurden wir mitgerissen, wie sie selbst mitgerissen wurden, denn sie sangen von Dingen, die sie kannten ...

Irland beginnt mit dem Land, dem A und O aller Dinge hier – eine gletschernarbige alte Schönheit voller Anmut und Größe, moosgrün wie ein heiliger Brunnen. Es ist die Heimstätte alter Helden, ein Resonanzboden für Märchen, ein Ort, an dem nichts vergessen worden ist. Es ist auch ein Land der Stimmen, die von nichts anderem reden als von Irland, von seiner Geschichte und den Menschen, die es hervorgebracht hat. Die menschliche Stimme – ohne die Krücke der Elektrizität – ist immer noch die subtilste Macht im Lande, und trotz ihrer Gedämpftheit kann nichts sie zum Schweigen bringen. Die Stimmen der Frauen sind noch sanfter als die der Männer, rund und weich wie pelzige Glocken (nur dann vielleicht nicht, wenn sie lachen – dann lassen sie den wilden heidnischen Schrei aller überraschten Frauen hören). Reisen in Irland heißt, überall von diesen Stimmen begleitet sein, die stets sich erinnern und die Geschichte des Landes erzählen.
Das erste, was einem auffällt, ist wohl die unverstellte Kahlheit des Landes. Es zeigt wenig von dem vielerlei Gerümpel Europas. Meist ist es noch, was es immer war: Sumpf, Fels, frisches Gras und Wald, beherrscht von den Elementen, von Wind und Regen, die vom Atlantik kommen, vom Licht der Sonne und des Mondes.
Die Armut ist Irland wohl immer treu geblieben, aber noch

immer sind die Iren die Könige der Phantasie und der Sprache. Oft kann Besitz die Poesie mindern, die einem Volke innewohnt, treiben Apparate die Menschen in gaffendes Schweigen, und während sich ihre Landschaft mit Straßen und Überlandleitungen füllt, sterben die Götter der Ferne und des Geheimnisses. Die Iren von heute aber sind von Besitztümern ziemlich freigeblieben, und frei blieb auch ihr angeborener Witz.

Als ich aufbrach, um ein Stück von Westirland zu entdecken, war mein Begleiter – ein O'Connell, dem seine Freunde den Spitznamen ›Der Befreier‹ gegeben hatten – einer von den Iren, die nichts vergessen hatten. Er hatte offenbar für jeden Stein und jeden Baum eine Geschichte bereit und kannte Einzelheiten von den Vorfahren eines jeden Häuslers. »Das ist ein feines Gefälle für Lachse«, sagte er etwa. Oder: »Hier sind die letzten O'Flahertys gestorben.« Er erfüllte meine Tage mit einem unablässigen Bardengespräch, das nie läppisch oder langweilig wurde.

Mit dem ›Befreier‹ sah ich viel vom Schönsten im Westen – die Küsten von Clare und Galway, das Herz von Connemara, den Felsensporn der Halbinsel Kerry – die Zähne und Hauer der nach Westen gerichteten Insel, den gesprächigen Mund ihrer Geschichte, wo seit vorchristlicher Zeit, als Menschen zum erstenmal auf den Vorgebirgen erschienen, fast alles sich zutrug, was für Irland wichtig war.

Ich erinnere mich an die Küste von Clare, eine milde feuchte Landzunge, umkost von Strömungen aus dem Golf von Mexiko: tiefe Wege zwischen Böschungen mit Geißblatt und den Purpurspeeren des Fingerhuts, nickende Margeriten, vom Meer gezaust. Spanish Point, wo ein Schiff der Armada sank und noch tausend Tote unter den Dünen liegen. Und die kleinen verfallenen Gehöfte, über das leere Land verstreut, mit einer Gans hier und da, die den Kopf senkt gegen den Wind.

Es war eine Gegend steiler Klippen und kleiner goldener Strände, umspült von Wellen, milchig blau wie Mondlicht, und doch selbst an diesem Sommertag von niemandem be-

sucht; es gab nur Vögel auf den sonnenbestrahlten Sandflächen von Liscannor und nur zwei Pferde in dem Städtchen Lahinch.
Das nördliche Clare nach Galway zu bestand aus Küstengebirgen und glatten, jähen Abhängen, wechselnden Höhenlagen und Entfernungen; ein Land der Felsen und Höhlen, der kleinen Heiligtümer und Heuwiesen oder Buchten mit üppigem Graswuchs, über denen Tennyson-Burgen thronten und bleiche Schwäne schwebten. Die langen gewundenen Straßen waren meistens leer; es sah aus, als gingen nur wenige Leute irgendwohin. Fahrzeugen begegnete man selten, und das klare, schräge Licht umriß dann den Entgegenkommenden mit klassischer Leuchtkraft. Vielleicht eine Herde Schafe, von einem ernsten jungen Mädchen getrieben, die ihres Bruders langen Mantel und Stiefel trug. Oder ein Karren, vollgestopft mit Kindern wie ein Korb voll Feigen. Oder ein Wohnwagen rothaariger Zigeuner.
Ehe man unten in der Galway Bay ankommt, berührt man die Mondlandschaft, der man den Namen ›The Burren‹ gegeben hat, ein Gebiet, dessen Flächen bis auf den Knochen abgenagt erscheinen, so daß nur noch lange, zersplitterte Felsrippen übriggeblieben sind. Das war ein Friedhof der Geschichte, übersät mit massiven Blöcken, steinernen Festungen und Kirchen aus dem sechsten Jahrhundert, der Boden, auf dem dreitausendjährige Legenden wachsen wie Flechten auf den Felsen, und aus dem ein Hund Königskronen ausscharren könnte.
Galway Bay war, ich erinnere mich, ein langer Dolch aus Wasser, der ins Herz des Landes stößt, damals, als ich ihn sah, poliert und glänzend und mit den drei verschwommenen Aran-Inseln besetzt. Die Stadt Galway selbst besaß einen chartreusegrünen Fluß, voll von Schatten und umherschießenden Lachsen, und unirische Namen über den Läden, Überbleibsel des Einfalls der Anglonormannen. Das Schönste von allem rund um die Bucht waren die ländlichen Ortschaften, wo die Zeit stehen geblieben war; und die kleinen buckligen Gehöfte, eingewachsen wie Baumwurzeln,

schienen nicht mehr zu verlangen als ein Pferd im Feld, einen Hund, eine Gans und einen Rosenstrauch.

Nördlich von Galway lag der Bereich von Connemara, eine Gegend, die zu schildern oder malen man nicht versuchen sollte. Sie sehen heißt die reinste Essenz schmecken, einen Tropfen, herausdestilliert aus allen anderen irischen Landschaften. Es ist die harte Kernsubstanz Irlands, kein verhätscheltes Paradies wie Killarney, sondern ein Abgrund des Schweigens, herausgegraben aus dem Schoß der Berge, ein Ort souveräner Zurückgezogenheit und Selbstgenügsamkeit, der einem fast die eigene Identität raubt. Die Sägespitzen der Twelve Bens füllen die eine Hälfte des Himmels, die brütende Masse des Maamturk die andere, während Wolkenschatten langsam über ihre fühllosen Spalten ziehen wie seidene Tücher, über das Antlitz von Göttern gelegt.

»Wenn Sie einmal unversehens hier aufwachen würden, wüßten Sie nicht, wo Sie sind«, sagte ›Der Befreier‹. »Ein Araber oder ein Inder würde denken, er wäre zu Hause.«

Connemara heißt auf gälisch ›Hund des Meeres‹ und ist fast eine Insel, die durch Seen wie durch einen Burggraben abgetrennt ist. Man spricht hier irisch, und es ist eine Gegend der Schäfer, Torfstecher, Fischer und wandernden Kesselflicker. Die Schafe sind wie Sterne auf den weiten blauen Hängen, die Kesselflicker wie Zwerge in den langen Bergpässen, glänzende Connemara-Ponys grasen rings am Ufer der Seen, und die Seen sind mit Wasserrosen bedeckt.

Der irische Sonntag war der Tag für Gespräche, die Stimmen drangen aus den Feldern und Häusern, sammelten sich zu Gruppen mit einem langen, gelassenen Atem, damit auch wirklich niemand unter Schweigen litt. Reihen hochkant gestellter Karren umgaben die Dorfkirche, und die Pferde grasten, während die Leute die Messe hörten. Dann gab es eine Parade kleiner Mädchen in Spitzenkleidern und Strohhüten, während die Männer seitwärts den Lokalen zustrebten.

Mit Sean, einem jungen Freund, folgte ich ihnen. Das Ge-

spräch im Lokal wurde ausgeteilt wie Spielkarten. »Tom Burke, der Heiler. Den hab ich gut gekannt. Er ist tot, zu den Seinen heimgegangen.« Sahniges Stout in der Farbe schwarzer Johannisbeeren hielt jeder in der Faust wie eine Grubenlampe. »S' gab keine Kuh im ganzen Land, die er nicht mit der Hand heilen konnte.« »Der konnte Elefanten gesund machen und erst recht Kühe.« »Brauchte einem nur ins Gesicht zu sehen, da wußte er schon, welchen Knochen man gebrochen hatte. Glauben Sie mir das?« »Ich glaub's.« »Er war ein berühmter Buckelstrecker, bestimmt... hat die Hälfte aller Krüppel in Clare gerade gemacht...«
Mit Sean fuhr ich in ein anderes Dorf. Er wollte ein Pferd kaufen. Inzwischen war es Nachmittag geworden. Ein paar Burschen schauten auf den Fluß hinaus. Ein Mädchen auf der Wiese wand sich Gras um die Finger.
»Sie wollen ein Pferd?« Hühner wurden aus dem Stall getrieben, und die beiden Pferdehändler rückten ihre Mütze zurecht. Sie waren Brüder, in mittleren Jahren, mit den scharfen, hungrigen Gesichtern der Männer aus alten Grenzgebieten. Sheamus, der ältere, nahm die Sache in die Hand. Ja, er hatte eine Stute unten im Freien. »Sie ist trächtig, wie ich gesehen habe, aber selbst wenn das ein Esel werden sollte – ein großartiges Pferd müßte es doch sein...« Sie stammte aus der Zucht seines Vaters. »Er ist tot von einem Hengst gefallen und in den ewigen Frieden eingegangen.«
Sheamus ließ die Stute die Gasse auf und ab traben und rannte wie ein munterer Junge neben ihr her. Für Sean war sie nicht das Richtige, aber die Brüder waren nicht unglücklich darüber. Sie wußten von einem anderen ein Stück weiter, die Felswand entlang. »Ich hab es nicht in Bewegung gesehen, aber ich sah es am Meer stehen, den Kopf aufgerichtet und einen großen Stern auf der Stirn. Ein ganz großartiges Pferd, schien mir. Ich würde mich schämen, wenn ich Ihnen was vormachte.«
Sie sagten, sie würden uns hinbringen. Wir fuhren los, den Hang hinauf, mit Sheamus' Fahrrad auf dem Wagenver-

deck. Die Brüder, die hinten saßen, schrien »Prächtig, prächtig!« Da blieb der Wagen im Sumpf stecken.

Wir ließen das Ding stehen und gingen zu Fuß, eine Stunde lang hoch über der Galway Bay, und die Brüder schwangen die Arme und rollten die Steine umher, hochgestimmt vom Wind und dem arbeitsfreien Sonntag. Mit schallender Stimme begannen sie über Politik zu streiten, es ging um das Ansehen alter irischer Führer. »Er war der Mann seiner Zeit. Das kannst du mir glauben. Alle großen Männer sind heute tot.« »Aber als es ihm unterm Hintern brannte, hat er nur an sich gedacht.« »Halt mal! Bist du jetzt fertig? Hör mal zu!...« Sie brüllten einander an wie zwei Robben und steigerten sich in leidenschaftliche rhetorische Beschimpfungen. Sie sprangen in die Luft und warfen ihre Mützen in den Schmutz. Übereinstimmung hätte den Nachmittag kaputtgemacht.

Wir fanden das Pferd am Klippenrand – ein mächtiges windzerzaustes Tier, das mit seinen Beinen ganz Connemara einrahmte. Aber der Bauer verlangte zuviel, deshalb begann Sheamus, damit der Tag nicht verschwendet war, auf zwei Jungkühe zu bieten. Das Handelsritual war lang und verzwickt; man hatte ja schließlich noch den halben Sonntag vor sich. Sheamus bot eine Summe. Der Bauer wollte auf gar nichts eingehen, die Färsen standen nicht zum Verkauf. »Ich biete einundvierzig.« »Die geb ich für fünfundvierzig auch noch nicht her.« Sie brauchten die ganze Landschaft, um sich voneinander zu entfernen. Wir holten sie zurück. »Sind das jetzt meine Kühe?« »Ja – für fünfundvierzig.« Eine Stunde später waren wir immer noch dabei, wanderten auf und ab und sekundierten den Streitern. Keiner wollte nachgeben, und das Geschäft kam nicht zustande, aber die Verhandlungen waren herrlich und virtuos gewesen.

Den Brüdern gelang es schließlich, den Wagen aus dem Sumpf zu ziehen und das Wrack zurück ins Dorf zu schleppen. Sie schickten ihre Töchter aus, jemanden zu holen, der ihn reparieren sollte und nahmen mit uns Kurs auf einen Abendtrunk. Sheamus' Gesicht war jetzt so rot wie ein

Bengalhahn. Seine Augen schwammen und glänzten, als er der Vergangenheit gedachte – der Pferde, die er erlebt hatte, seines armen alten Vaters und der Hungerszeiten, die sie durchgemacht hatten, als sie dreißig Schilling für den Wintertorf zahlten und in Wasser getauchtes Brot aßen. Und der schönste Tag seines Lebens – als er sah, wie ein zwölfjähriges Mädchen eins seiner noch nicht zugerittenen Galway-Jagdpferde wie einen fliegenden Löwen über die Mauer brachte: »Die Tränen kamen mir bei ihrem Anblick.«
Angekommen waren wir als Fremde, aber wir hatten zusammen mit den Brüdern aus dem Tag etwas gemacht, und jetzt waren sie stolz auf uns und gaben sich als unsere Beschützer. Sie wiesen auf Sean: »Schau, er trägt unser Wappen.« Auch ich sei ein Ire; es komme mir doch zu den Ohren heraus. Und hätten wir je eine Bucht wie Galway gesehen? – »Und die Sonne dort, wie sie untergeht, wie sie untergeht...«

Ein Pub in Irland ist noch eine Kapelle der Behaglichkeit, sie zeigt den Iren als Herrn seiner Zeit. Der Fernsehapparat zum Beispiel steht gewöhnlich in einem kleinen Hinterzimmer und wird abgestellt, wenn jemand spricht. Ein Pub ist kein Ort ungeselligen Trinkens oder einsamer Selbstbetrachtung, sondern ein für jeden offenes Wohnzimmer, in dem man sich hören läßt.
Ich erinnere mich an einen Abend in Hogan's Bar in Ennis, ein paar Häuser vom Old Ground Hotel entfernt. Dort gab es einen untersetzten flinken Geiger vom Pferdemarkt in Spancehill und einen bleichen Flötenspieler, so dünn wie seine Flöte. Es war noch früh, aber die Männer von Clare begannen sich schon zu räuspern. Was folgte, war typisch auch für andere Bars, die ich besuchte – oben in Galway, unten in Kerry und Cork – es hielt sich zwischen Totenwache und Hochzeitsfest, halb Feier und halb gemeinsame Trauer.
Der Geiger begann mit ein paar Tänzen vom Pferdemarkt,

dann kam der Flötenspieler an die Reihe. »Eine traurige Gigue«, kündigte er an, »um das Unglück zu verscheuchen«, und seine kleine Flöte brachte die Schreie von Seevögeln hervor. Dann sang jeder Mann in der Bar, wenn auf ihn gezeigt wurde, eine Ballade: alte Männer im langgezogenen Beschwörungston des Barden, junge Männer mit feurigem, klangvollem Tenor, und jeder sang, mit geschlossenen Augen in sein Gedächtnis tauchend, Lieder, in denen ganz Irland lag.

Das war nicht das alkoholisierte Gröhlen des üblichen Singsangs in den Kneipen, sondern eine zu Herzen gehende Neuformulierung des eigensten Wesens. »Irlands Balladen«, sagte jemand, »erzählen seine ganze Geschichte. Sie sind das Mosaik aus dreitausend Jahren.« Die Lieder, die ich an jenem Abend hörte, wurden schweigend oder mit leisem Beifallsgemurmel aufgenommen. Und fast alle von ihnen waren Klagen um Verluste – eine verlorene Liebe, einen verlorenen Prozeß, den Verlust Irlands, um Trennung, Abreise, Tod. Geborenwerden hieß Sterben, aber der Ire starb zweimal, denn Verbannung war ein zweiter Tod. ›The Last Rose of Summer‹, ›Fare Thee Well, Enniskillen‹, ›Spanish Lady‹, ›Raise the Gallows High‹ – sie hatten die Schärfe und die Melancholie, die allen Volksliedern eigen ist, wenn sie eine Schönheit feiern, zu vergänglich, als daß man sie ertragen könnte.

Die Nacht war lang und tief; jeder kam an die Reihe, und nicht einmal ich, der Fremde, wurde ausgenommen. Man drückte mir eine Geige in die Hand, ich lehnte an der Bar und spielte das einzige irische Klagelied, das ich kannte. Die alte Geige klang so süß wie noch keine, die ich in der Hand gehabt hatte, und mein Vortrag war vom Whisky beflügelt. Als ich fertig war, schlug ein alter Mann mit seiner Mütze auf den Schanktisch. »Engländer«, sagte er, »wir verzeihen dir.«

In Irland ist das kulturelle Gefälle zwischen den Klassen, ist der Abstand zwischen dem Pub und der Nationalbibliothek

gering. Die irische Literatur ist weniger für den sitzenden Menschen als für den stehenden Sänger und Schauspieler gedacht. Yeats, Oscar Wilde, George Bernard Shaw, O'Casey haben ihr Bestes für die lebendige Stimme geschrieben.
In Kerry lernte ich einen Mann kennen, der ein Kleinstadtpub besitzt und heute einer der besten Dramatiker Irlands ist. J. B. Keane ist der Nachfolger Behans, aber mit weniger Einzelgänger-Leidenschaft und vielleicht nicht so selbstzerstörerisch wie jener. Ich fand ihn wachsam wie einen Zigeuner, dazu ohne Selbstüberhebung und mit einer verschmitzten Liebe zu seinen Landsleuten in Kerry.
Keane schickte mich nach Cork, wo sein Stück ›The Highest House on the Mountain‹ (Das höchste Haus auf dem Berg) zu sehen war, aufgeführt von einer kleinen örtlichen Theatertruppe, die sehr bekannt war und in einem Gemeindesaal in einer schmalen Nebenstraße spielte. Es war ein Abend, an dem der Regen nur so herunterprasselte; das Theater war gestopft voll, und das Stück eine schwungvolle Folge von Witz und Mitgefühl. So irisch wie die Hügel und voll von untergründigen Stimmungen, bewegte es sich in der Mitte zwischen den Sümpfen und dem Himmel. Die Aufführung hatte das Niveau von The Abbey in Dublin – auch wenn Dublin das wohl nicht zugeben wird.
Cork selbst ist bunt und lebendig, voller Brücken und sich verzweigender Flüsse, provinziell, aber aufgeschlossen für die Luft von draußen, mit Gewässern, die von Ozeandampfern frequentiert werden. Die dicht bewaldeten kleinen Buchten um Cobh und Kinsale leuchten weiß von Jachten und Reihern, und die grünen Hügel darüber waren oft das letzte Bild, das irische Auswanderer, die nach Amerika gingen, von ihrer Heimat mitnahmen.
Von Cork nahm ich einen neuen schnellen Zug durch das Land, um meine Reise in Dublin zu beenden. Dublin ist so sehr Irland, wie New York Amerika ist; man hat es die schönste Stadt Europas genannt. Von den Engländern hauptsächlich als Wohnsitz von Privilegierten und Ästheten

angelegt, ist es eine Stadt der eleganten Plätze und Terrassen, der Häuser aus bräunlich-warmen Ziegeln mit erlesenen Türen und Balkonen, die an die georgianische Pracht von Bath und Cheltenham erinnern. Fast zweihundert Jahre lang war es ein in sich geschlossenes Juwel am Liffey – aber schließlich kamen doch die modernen Architekten, und was sie mit den Terrassen anstellen ist ungefähr so, als ersetzte man die Perlen einer Halskette durch eine Reihe von Eisenbolzen.

Trotzdem ist Dublin noch immer ein Treffpunkt und eine Stadt, die Raum für Gespräche bietet. Ich verbrachte zwei heiße Tage in der Gesellschaft von Dubliner Dichtern, auf ihren Wortströmen dahinfahrend; als Zuhörer der Balladensänger von Howth, die ihre Wehklagen durch Porterbier und Tabakrauch erklingen ließen, und der ›Troubles‹ mit ihren tragikomischen Geschichten; man führte mich über Brücken von Bar zu Bar, wo an jedem Winkel eine literarische Erinnerung haftete und die letzten Worte von Helden in der Luft hingen wie Glocken, die zu läuten jeder Zecher sich erhob.

Dublin wirkte auf mich wie eine neutrale Drogenstadt für Verbannte, in der sich Träumer versammeln, um Irlands zu gedenken. Und hier erst gelang mir, während ich in den langsam fließenden braunen Liffey hinabstarrte, ein Rückblick auf meine kurze Reise.

Ich war durch acht Grafschaften gereist und hatte in den verschiedensten Hotels übernachtet, vom fürstlichen ›Dromoland‹ bis hin zu einer Bruchbude in Dingle. Ich erinnerte mich an eine Lachsforelle in Cork, die sich wie der riesige Arm eines Boxers über meinen Teller rekelte; an hausgebackenes Brot oben in Galway, das leicht war wie eine Bienenwabe; an fette Garnelen aus der Bucht von Dublin bei Jammet's... Aber ich erinnerte mich auch an die herrlichen Hügel im Westen, wo der Mensch nur wie ein Pächter erschien. Die langen steinigen Felder, die bienenstockartigen Hütten, die alten Königsgräber am Meer. Und an das Grün des Landes, ›die vierzig Grünschattierungen‹,

entflammt oder gedämpft von jeder Nuance des Wetters, vom elektrischen Funkeln bis zu dem tiefen, kalten Grün der Augen einer Hexenkatze.
Ich dachte an die langen, leeren Straßen, den einen Mann, das eine Pferd darauf; an die Kesselflicker mit ihrem Distelhaar; an das Geräusch der Karren in den Dörfern – das Gerassel der Räder und des Geschirrs; an den Geruch des Regens auf brennendem Torf. Da waren die alten Männer auf Eseln mit den Gesichtern amerikanischer Senatoren, während andere aussahen wie Polizisten in New York.
Es war ein Land der Pferde, der hämmernden Schmiede, der arbeitenden Hunde, der Kinder im Heu; rotwangiger junger Priester, die allein am Fluß spazierengingen, unverheirateter Mädchen, die verloren über die Felder blickten. Und überall Ruinen: großartige Abteien, Burgen, verlassene Hütten, der schwarze Daumen Cromwells – die stehengebliebenen Brandmäler der Geschichte des Landes, wie Wunden getragen und nie vergessen.
Irland ist beständig, aber die Iren wandern; sie haben ihr Land nie überbewertet. Es ist, als bewohnten sie seine Oberfläche, wie Vögel auf dem Meer schwimmen, die kommen und gehen mit windverwehten Schreien. Das Land, in dem sie geboren sind, liegt ihnen nicht weniger am Herzen als anderen Menschen, aber vielleicht sind sie sich ihrer hoffnungslosen Vergänglichkeit stärker bewußt. Unterdessen erfüllen sie es mit ihren Stimmen und erhalten sein Andenken lebendig grün, wenn sie durch die Täler hin ihre Abschiedslieder singen.

## Arrak und Astarte

Ich war schon früher einmal kurz in Beirut, im Mai 1945, als ich auf einem Flug von Kairo nach Zypern dort landete. Ein trauriger Mechaniker kam über die primitive Landebahn und stand dabei, als wir aufgetankt wurden. Dann sagte er zum Piloten: »Bring mir eine Braut mit, ja?« und reichte ihm ein Bündel Bananen in das offene Cockpit.
Zypern – siebzig Meilen westlich jenseits des Meeres gelegen – war lange Zeit berühmt wegen der Schönheit und Willfährigkeit seiner Frauen: schon in der Antike war es die heilige Insel der Liebe gewesen, der Geburtsort der Aphrodite, die dem morgenroten Meer entstieg.
In Wirklichkeit war Aphrodite frühzeitig nach Zypern eingewandert. Die ursprüngliche Liebesgöttin hatte – unter verschiedenen Namen – ihre Heimat eigentlich in den Berghöhlen Syriens und des Libanons. Fand der unglückliche Beiruter Mechaniker in jenen schweren letzten Kriegstagen, daß seine Stadt und sein Land ihres angestammten heidnischen Rechts beraubt worden seien?

Er hätte sich keine Sorgen zu machen brauchen. Als ich Jahre später wieder in das blühende Beirut kam, fand ich es verwandelt, prachtvoll wiederauferstanden aus dem Meer und herrlich im Gleichgewicht auf seinem alten Dreizack aus Reichtum, Amüsement und Sinnenfreude.
Beirut, dicht gedrängt auf seiner nach Westen gerichteten Halbinsel, ist schon seit etwa fünftausend Jahren Seehafen. »Ein wunder Daumen, der in die falsche Richtung weist«, heißt die Stadt bei manchen zynischen Wüstenarabern. Trotzdem muß sie einmalig sein mit ihrer pulsierenden Energie, mit ihrem Konzentrat aus verschiedenen Glaubensbekenntnissen und Kulturen und mehr noch mit ihrer un-

gewöhnlichen allseitigen Toleranz, die sie zu einer der glücklichsten westlichen Städte des Nahen Ostens macht.
Beirut ist auch sehr reich. Wenn man durch den goldenen Dunst des Sonnenuntergangs einfliegt, sieht man unter sich plötzlich im dichten Gewirr auf der Halbinsel und rund um die Bucht die goldenen Quader der Appartementhäuser, Bürogebäude und neuen Hotels – eine Art Fort Knox des hochaufgehäuften Wohlstands. Vor der totalen Hölle der Verstädterung bleibt es vielleicht durch die Villen bewahrt, die sich bis tief in die umwölkten Berge hinziehen. Man lernt es bald, die Feinheiten des Unterschieds zwischen Beirut und seiner Umgebung zu genießen – die öffentliche, geldscheffelnde, vom Vergnügen überwölbte City und die stillen Villen auf den Hügeln, ihre übereinander aufsteigenden Bogenreihen, auf denen der Widerschein der Sonnenuntergänge gerinnt und sie in die Farbe alten syrischen Glases taucht.
Beirut ist wider alles Erwarten keine orientalische Stadt. Wenn es auch jahrhundertelang von muslimischen Eindringlingen, vom osmanischen Reich und von den Mamluken bedrückt wurde, ist es doch in seinem Geist, seinem gesellschaftlichen Lebensstil, seinem materiellen Erfolg und seiner naiven Vergnügungssucht vorwiegend westlich geprägt.
Vielleicht mußte das so sein. Seit seinen Anfängen lag Beirut ja in der Mitte eines schmalen Landstreifens, der sich zwischen Meer und Gebirge von Norden nach Süden zog – eines Tummelplatzes für die Heere aufeinanderprallender Kulturen: der Ägypter, Perser, Griechen, Makedonier, Römer, Mongolen und Türken.
Zweifellos war es der frühe Einfluß der Griechen und Römer, später untermischt mit dem der leichtlebigen Muslims, aus dem sich Beiruts Vorliebe für Humanität und Rechtlichkeit entwickelte. Ebenso muß seine Lage als Handelszentrum, als Brückenkopf zwischen Asien und dem Westen und als Durchgangsland für vorrückende und fliehende Heere, seine verschiedenen Völker, von denen viele

durch die Ereignisse für immer aus der Heimat vertrieben waren, gelehrt haben, friedlich miteinander zu siedeln und zu leben.

Es finden sich nämlich in der Stadt verstreut und in der gesetzgebenden Körperschaft des Landes anteilsmäßig vertreten fast ein Dutzend verschiedener Konfesssionen, zu denen die maronitischen Christen, die armenischen Orthodoxen, die griechischen Katholiken, die sunnitischen Muslims, die schiitischen Muslims, die Protestanten, die Presbyterianer und die Drusen gehören. Die Maroniten – die die Mehrheit bilden – sind die Nachkommen einer Sekte aus dem achten Jahrhundert; der Glaube der eingeborenen Drusen ist ein geheimer Stammesglaube.

Offenbar ist dieses brodelnde Völkergemisch einer der Gründe für Beiruts überschäumende Lebenskraft, die man sofort bei der Ankunft zu spüren bekommt. Bei meiner Fahrt vom Flugplatz in die Stadt zum Beispiel wurde mein Vorwärtskommen vorübergehend gebremst, nicht nur durch die exzentrische Fahrweise des Taxichauffeurs, sondern mehrere Male durch eine Motor-Ralley im 130-Kilometer-Tempo, einen Aufmarsch von Nonnen, ein Fernsehteam, das auf offener Straße einen Werbefilm drehte, eine durchmarschierende Blaskapelle, einen Auflauf von Fußballfans und eine freundschaftliche Zusammenballung um den blumenüberschütteten Wagen eines neugewählten Abgeordneten, der sein Fest mit einer blutenden Nase beging.

Mein Hotel, das Mayflower, war mit bescheidenem Komfort ausgestattet und hatte eine gelöste und kultivierte Atmosphäre. Der Besitzer, ein gut aussehender anglisierter Libanese, liebte die britische Lebensweise, ohne sich allzu starr darauf festzulegen. Man konnte zum Beispiel morgens ein üppiges englisches Frühstück haben, bekam aber auch um Mitternacht noch eine warme Mahlzeit auf dem Zimmer serviert. Im Hotel befindet sich der Duke of Wellington, ein englisches Pub, wie der Hotelier es sich vorstellt. Die Barmänner tragen Schleifen und Sakkos mit Schottenmuster. Bier aus England kostet etwa 40 Pence der halbe Liter.

Das Mayflower befindet sich in Ras Beirut, einem vorwiegend englischsprachigen Viertel, das sich amerikanisch gibt, unverhohlen kommerziell eingestellt ist und zu einem großen Teil aus Neubauten besteht. Wohnungen, Läden und Kinos, Hotels und Banken, dazwischen Einsprengsel von Straßencafés – alles durcheinandergemengt wie aus der Spielzeugkiste eines Millionärs. Die hundertjährige amerikanische Universität liegt weitab im Norden.
An meinem ersten Abend trat ich aus dem Mayflower und atmete eine Luft, die 30 Grad wärmer war als in London. Die schmalen Straßen hallten wider vom Hupen, Quietschen, Krachen und Knallen, wenn Autos voneinander abprallten. Manche fuhren schräg über die Fußwege, wenn sie beim Abbiegen an Straßenecken abkürzen wollten. Bluff und Geistesgegenwart hielten den chaotischen Verkehrsstrom in Fluß. Nur wenige Fußgänger schienen unterwegs zu sein, wenn man von den größeren Boulevards absah; man hielt sich an das Auto, das der einzige Schutz war. Für Fremde jedenfalls war es kein Problem, ein Taxi zu bekommen; man machte einfach einen oder zwei Schritte auf dem Fußweg und schon hielt eines lautlos neben einem an.
In Beirut gibt es ein Kreuz- und-Quersystem von ›Service‹-Taxis, das die beste und billigste Art der Verkehrsverbindung darstellt. Die Taxis halten eine festgelegte Route ein, verlangen einen Einheitspreis und können wie ein Omnibus durch ein Zeichen angehalten werden. Für eine private Fahrt nimmt man ein gewöhnliches Taxi, muß aber den Preis im Voraus ausmachen. Sobald das geschehen ist, bekommt man als Zugabe einen mehrsprachigen Fahrer, der zum Führer, Beichtvater, Leibwächter und Anreger wird; ein Mann, der Vorschläge macht, wohin man fahren soll, aber nicht hartnäckig darauf besteht; der auf alle Launen willig eingeht, den Fahrgast vor täuschenden Verlockungen und all den Gefahren der Nacht bewahrt und ihn sogar sicher nach Haus und ins Bett bringt.
Der Entscheidung, ob ich an jenem ersten Abend zu Fuß gehen oder ein Taxi nehmen sollte, wurde ich rasch ent-

hoben. Ich hatte kaum mein Hotel verlassen, als ich einen Kerl neben mir wahrnahm, der seine Hand tief in meine Jackentasche gesenkt hatte. Keine Drohung. Durchaus freundlich. Einfach nur: »Was wünscht der Herr? Junge? Mädchen? Kaufen Sie mir ein Bier. Ich bring Sie hin.« Ich antwortete damit, daß ich einen Haken schlug. Ein Taxi glitt neben meinen Ellenbogen. Ich sprang hinein, schloß die Tür und flüchtete.

Der Fahrer stellte sich als ›Jack‹ vor, sang beim Fahren auf arabisch, verfluchte andere Fahrer auf amerikanisch und fragte mich auf französisch nach meinen Wünschen. Um in meinem Viertel das Ausmaß der Sünde zu sondieren, tauchten wir kurz in mehrere zweitklassige Hambra-Nachtklubs ein, aber es war noch zu früh und gab nicht viel zu sehen. Eine Flasche Bier kostete an der Bar 75 Pence, aber man war nicht gezwungen, sie allein auszutrinken. Jeder Klub hatte eine Reihe aufregender Mädchen anzubieten, deren Gesellschaft und Unterhaltung man zu Champagnerpreisen erstehen konnte. Offenbar hießen sie alle Trudi, Heidi oder Judy. Ich begegnete nicht einer einzigen Libanesin unter ihnen.

Dem Besucher wird bald klar, daß die Bürger von Beirut eine eigentümlich schizoide Einstellung zu ihrer Stadt haben. Sie ist ihr Vergnügungspark und die Quelle ihres Reichtums; mit der einen Hand liebkosen sie sie, mit der anderen verstümmeln sie sie um des Profits willen. Im Ersten Weltkrieg haben die Türken viel von dem alten Beirut zerstört; danach wurden zahlreiche neue Gebäude errichtet, die eine Art französisch-libanesischen Stil zeigen – mit eleganten Arkaden sind sie kühl und reizvoll. In den letzten zehn Jahren, in denen die hohen Krane und die Bagger der Landesplaner Einzug hielten, hat man die meisten dieser Eierschalenbauten systematisch zerstört, um Raum für den internationalen Betonklotz zu schaffen. Die meisten reichen Familien im Libanon sind Eigentümer solcher neuen Häuser, nicht unbedingt um darin zu wohnen – hauptsächlich um der Spekulation willen. Sie prahlen etwa damit, daß ihnen eines der dreihundert Hotels der Stadt gehört, oder eine oder zwei der über siebzig Banken; oder – wenn sie wirklich schick sind – ein Hochhauswohnblock. In dem Maße, in dem die Stadt sich ausgebreitet hat, sieht man diese hellen neuen Apartmenthäuser stehen, ausgesetzt auf Stükken öden Landes. Aus der Luft wirken sie unfertig, wie Grenzpfähle von Goldgräbern. Eine Anzahl von ihnen steht leer, manche haben sich Ölscheichs vom Golf gebaut, als Schlupfwinkel für schwierige Zeiten. Von diesen letzteren sind jedoch nicht alle völlig leer; in manchen dieser hallenden Gebäude wird ein Ölscheich eine blonde Doris aus Leeds oder eine noch blondere Ingrid aus Malmö unterbringen lassen, der er und seine Brüder in ihren Privatjets regelmäßige Höflichkeitsbesuche abstatten werden.

Beirut ist da, wo das Geld ist – Bankgeschäfte, Import, Export –, aber die Kaufleute brauchen nicht mehr dort zu leben, wo sich das Geschäft abspielt. Nach der Arbeit können sie in einer halben Stunde in ihre Villen in den Bergen entfliehen und auf ihren vielstöckigen Reichtum herabschauen. Das erklärt vielleicht teilweise ihre schuldbewußte Liebe zu ihrer Stadt und gleichzeitig den physischen Mißbrauch, den sie mit ihr treiben.

Man zeigte mir zwei Beispiele dieser Haltung: die Zerstörung eines Platzes mit außergewöhnlich schönen Villen, weil Raum geschaffen werden sollte für einen Parkplatz und eine Go-cart-Bahn. Der andere Fall war noch trauriger: die Verwüstung der antiken Altstadt, deren bedeutendste Spuren jetzt für immer verloren gehen. Hier war die Stätte des alten römischen Berythus mit seiner berühmten Rechtsschule, jener Stadt, die hochgestellte Römer gern als Ruhesitz wählten. Natürlich wird dort schon seit zweitausend Jahren um- und neugebaut, wobei das Neue sachte das Alte zudeckt. Der größte Teil der römischen Stadt ist schon längst nicht mehr zu sehen und lebt nur im Volksgedächtnis und im Stadtmythos fort.

Nach der Zerstörung dieser Region durch die Türken schuf man bei der Gestaltung der französisch-libanesischen Geschäfte und Gebäude einen charakteristischen und kultivierten Stil. Heute ist als endgültiger Zerstörer der moderne Bagger mit bizarren und endgültigen Resultaten auf den Plan getreten. Da er viel tiefer pflügt als die traditionelle Hacke und Schaufel des Bauarbeiters, legte er große Teile der versunkenen römischen Stadt bloß – herrlich erhaltene Säulen und Mosaikböden, die zwanzig Fuß tief unter der Erde lagen. Die wirtschaftlichen Überlegungen der Stadtplaner ließen keinen Raum, die Funde entweder zuzudecken oder zu erhalten – nur ein unbedeutendes Zeugnis hat man mit einem ›städtischen‹ Geländer umgeben. Die Herrlichkeiten des römischen Berythus wurden wieder nur kurz enthüllt, um dann für immer unter die Kellergeschosse der Supermärkte und Bürogebäude hinabgeschmettert zu werden.

Beirut ist ganz wie New York ein Rassensandwich, und es hält die Vielzahl seiner Parteien mit leichter Hand im Gleichgewicht. Es hat auch ein Paradox aus Toleranz und Intrigenspiel aufzuweisen. In dem alten Handelsquartier Bab Edriss zum Beispiel führen etwa zehntausend Juden ein geschäftiges, gesundes und unbekümmertes Leben, obwohl die Republik mit dem benachbarten Israel zutiefst verfeindet ist. Der Rest der Stadt hat seine nach Volkszugehörigkeit getrennten Viertel, doch liegen sie friedlich nebeneinander.

Eines Morgens machte ich mich früh auf, um die Altstadt-Suks zu besuchen – jene belebten, kaffeetrinkenden arabischen Straßenmärkte, die sich seit der Zeit, in der der Prophet zur Welt kam, kaum verändert haben. Offensichtlich noch unberührt – Plastikgefäße waren kaum zu erblicken – drängen sie sich dicht am Hafen aneinander, und das hübsche libanesische Mädchen, das mich hinbrachte, führte mich zwar sehr gern umher, sagte aber, sie denke nicht im Traum daran, dieses Viertel je allein aufzusuchen. »Alte Frauen und Dienstboten können hier recht gut ihre Einkäufe machen«, sagte sie, »aber wenn ich allein gehe, reißen sie in arabischer Sprache Witze über mich, und da ich sie verstehe, ist das alles andere als angenehm.«

Hier war alles noch da: die schmalen lauten Gassen mit hoch aufgetürmtem nassem Obst und Gemüse; die Straßen der Blechschmiede, die Kessel flickten und sich über alten Fordkühlern ereiferten; Straßen, behängt mit Bündeln gerupfter Hühner, die – höchst entrüstet – noch am Leben waren (man ließ sie leben, damit sie sich in der Hitze frisch hielten); Straßen mit Vögeln in Käfigen, zahme Tauben und Enten mit gestutzten Flügeln, blökende Zicklein und Lämmer, die auf das Messer warteten, Schnüre roten Fleischs, das wie Seidentücher dahing, fette Männer in kleinen Zellen, die Bohnensäcke stapelten, schreiende Gepäckträger und Bettler, Jungen, die mit Kaffee vorbeiliefen, und Schneider, die mit gekreuzten Beinen auf Podesten saßen und, den Kopf tief über die Arbeit gebeugt, wie verrückt nähten.

Ich hatte das alles schon gesehen, zweitausend Meilen weiter westlich, in den Suks von Fes, Tetuan und Tanger, durchwegs Teile jener arabischen Zivilisation, die noch immer kein besonderes Verlangen nach Veränderung verspürt, die traditionell, selbstgenügsam und abgeschlossen bleibt.

»Es ist schade«, sagte meine Führerin. »Als kleines Mädchen bin ich jeden Tag mit der Köchin hier gewesen. Alles, was wir kauften, war frisch und billig. Jetzt bin ich erwachsen und respektabel und kann hier nicht mehr einkaufen. Ich muß meine Lebensmittel tiefgekühlt und verpackt im Supermarkt holen.«

Sie führte mich weiter zum Gold-Suk, der natürlich viel großartiger, aber immer noch anheimelnd war mit all den zuvorkommenden Schmuckhändlern. Hier gab es eine riesige Auswahl an Armbändern, Reifen, Ringen und Münzen, blitzschnelles Kopfrechnen in den verschiedenen Währungen der Welt, ein dauerndes Hinaus und Hinein, wenn Kaffee in Täßchen oder verlockende Schmuckstücke aus benachbarten Ständen geholt wurden; aber gehandelt wurde nicht – hier gab es nur feste Preise und echtes Gold.

Ich beschloß diesen Vormittag mit dem Besuch bei einem angesehenen Antiquitätenhändler, der mir als teuer aber ehrlich empfohlen war. Dort kam ich in eine Schatzkammer, und ich war noch kaum vorgestellt worden, als mir auch schon ein junger Fachmann den Siegelring vom Finger zog, ihn unter eine mächtige Lupe legte und verkündete, der Stein sei römisch (etwa aus der Zeit des Kaisers Augustus). Dieser Anfang ermutigte mich, denn ich trug das Ding schon viele Jahre und hatte immer gedacht, es sei Tottenham Court Road (etwa aus der Zeit Georgs VI.). Offensichtlich verstanden die Leute hier ihr Handwerk – ist doch der Libanon mit einem großen Teil des Nahen Ostens eine der wertvollsten Fundgruben der Welt. Abgesehen davon, daß er die Wiege der Phönizier, des ersten internationalen Handelsvolks der Welt war, hatte auch jede andere einheimische Kultur hier irgendetwas im Boden zurückgelassen. Was der Pflug des Landmanns oder auch Schatzgräber im Lauf der Jahre zutage gefördert haben, was im Nationalmuseum konzentriert ist oder durch die Hände privater Händler geht – fast alle beweglichen Schätze der Vergangenheit aus diesem Gebiet hat Beirut vereinnahmt, und ein gut Teil davon fand sich in diesem Laden. Ich sah erlesene syrische Trinkgläser (3. Jahrhundert n. Chr.) in der Farbe rötlichgelber Sonnenuntergänge, Gold- und Silbermünzen und Tonmasken ferner assyrischer Gottheiten. Und ein Bronzefigürchen, griechisch-römisch, antik, stand in unschuldiger Nacktheit da, Abbild jener Erdmutter, die einst diese Welt beherrschte – Astarte, Aphrodite, Venus.

Es gab nur weniges in dem kleinen Laden, was später als auf das 4. Jahrhundert n. Chr. datiert war, und die Preise waren entsprechend hoch. Ich glaubte, wenigstens ein paar alte Münzen erhandeln zu können. Doch da hieß es: »Gerade eben war ein Händler aus London hier. Er ist mit einer ganzen Hutschachtel voll weggegangen.«

In der Bar eines nahegelegenen Hotels bedankte ich mich bei meiner Führerin für ihre Geduld. Sie hob ihren weißen Wein dem weindunklen Meer entgegen. Zwanglos begann sie jetzt in ihrem französisch gefärbten Englisch zu plaudern und zeigte mir dabei immer wieder ihr bronzefarbenes assyrisches Profil. »Glauben Sie denn an diese Liebesgöttin-

nen hierzulande?« fragte ich im Scherz. Ihre großen dunklen Augen sahen mich staunend an. »Natürlich nicht. Das sind Sagen.« »Also die Jungfrau Maria?« »Aber gewiß.« »Waren sie nicht alle dasselbe?« »Nein, nur die Jungfrau hat wirklich gelebt.«
Meine Führerin war maronitische Katholikin. Ihr Großvater hatte gegen die Drusen gekämpft. Sie war französisch beeinflußt und in aller Unschuld bigott. Für mich hatte sie ein langsames, verzeihendes jesuitisches Lächeln. Ihr Gesicht war das Astartes, glühend von neuem Leben.

Da ich in Beirut weder mit Öl noch mit Bankgeschäften oder Grundstücksspekulationen zu tun hatte, widmete ich meine Zeit seinen sonstigen Annehmlichkeiten – dem ersten Frühlingshauch, dem Nachtleben, dem Essen und der gastlichen Lebensfreude seiner Bewohner. Wer sie auch sind, und was sie auch treiben – es ist, als schenkte ihnen ihre Stadt eine unbeschwerte Urbanität. Man wird einen Libanesen bei einem Handel kaum übervorteilen, aber man wird auch nicht betrogen – nur überlistet. Sieht man von den geschäftlichen Beziehungen ab, so wird man mit Großzügigkeit und Wärme aufgenommen und das gehört zu dem unvergeßlichen Zauber dieser Stadt.
Auf eine einzige Empfehlung an ein junges Akademikerpaar wurde ich sofort zu einer Feier im engsten Familienkreis eingeladen. Es handelte sich um die erste Kommunion ihres zehnjährigen Sohnes; man holte mich früh von meinem Hotel ab und fuhr mich durch die frühlingsbunten Hügel zu einer schimmernden neuen Kirche, die für ein Jesuitenkolleg erbaut worden war.
Die Kirche füllte sich rasch mit Freunden und Verwandten, deren Goldzähne und japanische Kameras um die Wette blitzten. Die jungen Mütter trugen französische Kleider, die Großmütter das landesübliche Schwarz, und die Männer hatten Douglas-Fairbanks-Bärtchen. Dann schritten, begleitet von liturgischem Diskantgewimmer, die ersten Kommunionsknaben langsam zum Altar, jeder in weißem Gewand, ein

kleiner Dominikaner, und jeder mit einer flackernden keuschen Kerze in der Hand.

Später wurde draußen weiterfotografiert, die Jungen zusammen mit ihren Vätern, den geistlichen und den weltlichen. Französisches Geplauder flog hin und her, während wir unsere geparkten Wagen aufsuchten, die unter den blühenden Bäumen aufgereiht standen. Nur die fernen, dunstverhüllten Berge erinnerten an das Vorhandensein rauherer, unbekehrter und älterer Stämme, die noch immer an ihren alten Mysterien festhielten.

Nachdem alle Farbfilme aufgebraucht und Glückwunschkarten ausgetauscht waren, brachten meine Freunde mich eilends heim in ihre Beiruter Wohnung. In anmutigem libanesischem Stil bewahrte sie (obwohl im fünften Stock gelegen) die Grundzüge einheimischer Überlieferung: rings um einen großen Mittelraum mit schlanken Pfeilern und Bogen lagen die Küche und die Schlafzimmer. Man konnte sich vorstellen, daß sich an den Pfeilern Reben emporrankten, daß durch eine Öffnung in der Decke der Himmel hereinblickte und daß sich in der Mitte des Zimmers ein Brunnen mit frischem Wasser befand – das Bild des gegen Hitze schützenden Hauses, das ganz nach innen gerichtete Refugium, einst Kennzeichen der arabischen Welt von Spanien bis Damaskus.

Zusammen mit ihren vielen Verwandten hatte die Mutter des Erstkommunikanten ein großes Festmahl zu seinen Ehren vorbereitet. Es gab Wein und Arrak kistenweise, französische und libanesische Gerichte, Berge von Süßigkeiten und Torten mit Zuckerguß. Es war eine unendlich lange, aber heitere Mahlzeit, die von Liedern, Deklamationen und Ansprachen unterbrochen wurde. Möglicherweise war ich der einzige Gast, der nicht zur Familie gehörte, doch ließ mich das niemand merken. Das allgemeine Gespräch wurde auf französisch und arabisch geführt, aber ein alter Herr, der mir gegenübersaß, erklärte mir, woraus die Gerichte bestanden, die ich aß, und gab mir sogar einen detaillierten Überblick über die Verfassung der Republik. Man reichte mir eine Flöte, die ich blasen, und ein Tamburin, mit dem ich auf meine Knie schlagen sollte, und bat mich, ein Lied zu singen. Dann ging ein arabisch sprechender junger Mann zu meiner Rechten plötzlich auf englisch über und entschuldigte sich, daß er das Bankett so früh verlassen müsse (es war fünf Uhr). Er besitze ein Bestattungsinstitut, erklärte er mir, und müsse an diesem Nachmittag noch drei Tote versorgen, von denen jeder einer anderen Religionsgemeinschaft angehöre. »Manche Riten sind besonders kompliziert, wissen Sie. Wahrscheinlich bin ich nicht mehr rechtzeitig zurück.«

Von all den vielen Restaurants, die Beirut zu bieten hat, ist Dimitri wohl das individuellste und ausgefallenste. Der grauhaarige, liebenswürdige, aber unberechenbare Besitzer schließt manchmal sein Lokal, wenn er Gäste kommen sieht. Dann versteckt er sich einfach in einem der vielen dunklen Zimmer und macht sich nicht die Mühe, an die Tür zu gehen. Ich hatte zwei libanesische Freunde zum Lunch eingeladen, und als wir zu Dimitri kamen, fanden wir das Lokal verriegelt und verschlossen. Wir läuteten hartnäckig und warteten fünf Minuten. Schließlich wurden Ketten gelöst und Dimitri erschien. »Natürlich mache ich auf. Kommen Sie, kommen Sie herein!« Das Lächeln auf seinem Gesicht glänzte wie frische Schlagsahne. Zweifellos hatte er uns durch ein Guckloch erst genau geprüft.

Dimitris Restaurant besteht aus einer Reihe dunkler, intimer Zimmerchen, die jedes einen Kamin haben und deren braune Wände mit Akten und Sprüchen bedeckt sind. Eines der letzten echten alten Häuser Beiruts (das bald einer Ringstraße wird Platz machen müssen). Es war eines der Verstecke Kim Philbys, und während ich in der rauchgeschwärzten Bar saß, konnte ich mir vorstellen, wie er dort gehockt und sich den Weg aus seinem Labyrinth freigetrunken hatte. Es ist verständlich, wenn Philby hier nicht erwähnt wird. Statt dessen strahlt Dimitri und erzählt von anderen Dingen. »Ich kam aus Konstantinopel hierher, vor siebenundvierzig Jahren. Vorher gehörte das Haus einem sehr reichen Kaufmann. Über diesem Zimmer hatte er seine Frauen untergebracht. Seine Raritäten hatte er jeweils hier drin. Jetzt kommen Sie mit hinaus und schauen Sie sich den Garten an.«

Alt, üppig, von Laokoongewinden aus Reben und Bougainvillea unterteilt, bestand der Garten aus einer Reihe buschiger kleiner Nischen, von denen man sich vorstellen konnte, daß sie für geheime Zusammenkünfte und Intrigen bestimmt waren, eine jede abgetrennt wie die Zimmer im Hause. Dimitris Restaurant ist altmodisch, unersetzbar und dem Untergang geweiht, es strömt eine Atmosphäre längst versunkener Sündhaftigkeit aus – vorelektronisch, opernhaft, von faustischen Schatten erfüllt, ist es ein Ort, an dem tatsächlich Typen in Kapuzenmänteln erschienen, sich niedersetzten und wahrhaftig mit Dolchen aßen.

Die Restaurants von Beirut haben offenbar von allem etwas zu bieten; es gibt französische, italienische, griechische, russische, spanische, chinesische, japanische und amerikanische, aber die besten sind die libanesischen. Ich erinnere mich, von letzteren drei aufgesucht zu haben, zwei mit Freunden und eines allein, und jede Mahlzeit war wieder anders und eine Überraschung. Zuerst aß ich im Yildizlar an der Rouche nach einer rasanten Autofahrt, bei der mir beim Zuwerfen der Autotür der Daumen eingeklemmt worden war. Doch der klopfende Schmerz und der rasch sich schwärzende Nagel wurden bald durch *mezzeh* und *arrack* des Restaurants betäubt. Arrak ist mit Anis gewürzter reiner Traubenalkohol, ein farbloses Destillat, das mit Wasser wolkig weiß wird und mit einer Wucht wirkt, als renne man gegen einen Eisberg. *Mezzeh* besteht aus bis zu über vierzig verschiedenen Gerichten, die man langsam genießt, während der Esprit der Freunde die Begleitmusik abgibt. Ursprünglich zweifellos nur als appetitanregende Vorspeise vor einem großen Festessen gedacht, nahm mein erstes *mezzeh* zu seiner Bewältigung ganze zwei Stunden in Anspruch. Unter seinen Delikatessen bemerkte ich Schafsgehirn, Hühnerleber, Spargel, russischen Salat, getrockneten

Fisch, Hühnerschenkel, Hammelzunge, saure Pflaumen mit Salz, Pfannkuchen aus mit Zwiebeln, Mandeln und gehacktem gewürztem Lamm vermischtem Fisch.
Hat man diese vierzig Gerichte (mit Arrak) vertilgt, so kann man, wenn man noch dazu in der Lage ist, zu einer oder mehreren der Spezialitäten des Hauses übergehen: *Kibeh Nayeh* – Streifen frischen rohen Fleisches, in die grob gemahlener Weizen eingeklopft ist, gewürzt mit Zwiebel und Pfeffer; oder *Shawarma* und *Hommos* – am Spieß gebratenes Lammfleisch, das zu einem mit Knoblauch und Sesam gewürzten Kichererbsenbrei gegessen wird.
Abrunden kann man das Ganze mit den Süßigkeiten des Libanons – im Osten gibt es nur wenige, die süßer sind – so etwa mit einem Teller Tripolocreme: gehackte Nüsse, übergossen mit Sirup aus Berghonig und bestreut mit kandierten Orangenblüten.
Am nächsten Tag ging ich ins Bahri, wo die Mahlzeit noch gewaltiger war – vor allem deswegen, weil ich in Begleitung eines libanesischen Künstlers war, der wußte, was er wollte. Er tyrannisierte die Kellner mit grandioser Gutmütigkeit, und man servierte uns ein *mezzeh* verschwenderischen Umfangs. Dann musterte er prüfend die Gerichte, und wenn er entdeckte, daß etwas fehlte, verlangte er es mit schallender Stimme. Man brachte Ergänzungen, Erweiterungen, exotische Variationen herbei und stopfte sie mir in den Mund. Das Bahri lag hoch über dem alten Hafen, und in den Weinreben, die sich an der Decke hinzogen, zitterten Lichtreflexe vom Meer. Vier halbe Flaschen Arrak während des *mezzeh* geleiteten uns in den blaugrünen Nachmittag, und wir schlossen mit einem Gericht aus gebackenem *Loup de mer*.
Die vielen Restaurants von Beirut sind nicht nur dazu da, daß man dort ißt, sondern auch dazu, daß man gesehen wird, während man gut und teuer speist. Sieht man von den Wimpy- und Hamburger-Lokalen ab, die, eilig eingerichtet, mit der amerikanisierten Jugend rechnen, so ist das Beiruter Restaurant ein Tempel des unverhüllten Hedonismus. Hier wird erwartet, daß man seine gastronomischen Gelüste

öffentlich zur Schau stellt, daß man sich zu einer fast erotischen Hemmungslosigkeit dem Essen gegenüber bekennt. Man ißt nicht allein, holt sich auch nicht in Eile einen Happen oder schlingt das billige Tagesmenü hinter einer zerknitterten Zeitung hinunter. Vielmehr läßt man sich einen geräumigen Tisch reservieren und ißt sich in aller Muße durch die Speisenfolge, im Kreise der ganzen Familie samt allen ihren Nebenzweigen.

Mein drittes libanesisches Restaurant war nicht so üppig wie die anderen, hatte aber seinen eigenen, etwas verrückten Reiz. Ich hatte einen Tisch bestellt und wurde erwartet, aber niemand sprach genügend Englisch oder wußte so recht etwas mit mir anzufangen. »Welcome, Mister Laurie!« strahlten mich der Besitzer und sein Bruder an. Man führte mich zu einem Tisch und brachte mir die Hors d'œuvres. Nüsse und Karotttenscheiben gingen offenbar auf Rechnung des Hauses. Der Oberkellner staubte mich mit seiner Serviette ab. Als ich die Speisekarte erwähnte, rief er: »Mister Laurie, yes, welcome!« Man drängte mir noch mehr rohe Karotten auf. Dann noch einmal einen Teller Nüsse. Dann eine Platte mit Scheiben kalten Lammbratens. So sehr ich mich auch bemühte – ich bekam nichts anderes. Rings um mich aßen große Familien ganze Tiere, am Spieß gebraten. Ich konnte die saftigen Düfte nicht mehr länger ertragen. So schüttelte ich dem Oberkellner die Hand und sagte, ich müßte noch was Wichtiges erledigen. »Yes, welcome, Mister Laurie!« rief er.

Meinen epikureischen Höhepunkt erreichte ich wohl bei einem Mittagessen im Hotel St. George, das schon so aussieht, als wäre es das vortrefflichste Wirtshaus im ganzen Nahen Osten, das es auch tatsächlich ist. An der St. Georgsbucht gelegen, bietet es einen Blick über die ganze Stadt, die Hügel im Dunstschleier und die kiefernbestandenen Berge. Das Hotel zeigt die Eleganz der Zeit Edwards, die Küche gilt als die beste ›östlich von Suez‹, die Bedienung funktioniert in einer fast nostalgischen, unterwürfigen Reibungslosigkeit, und außerdem ist dies der Punkt in der Stadt, ›wo

man hingeht‹, wo man gesehen wird, wo man schaut und die Ohren spitzt und Erkundigungen einzieht. Besonders um die Mittagszeit ist es Beiruts Mittelpunkt für Geschäfte und Gerüchte, für kurze Begegnungen und gesellschaftliches Posieren. Ölleute, Regierungsbeamte, die Reichen und die Einsamen, Schwindler und Journalisten aller Nationen – sie alle versammeln sich hier zu Mittag, um die besondere Eigenart dieses Lokals, die Speisen, die Getränke und die bedeutungsvolle Nähe der Menschen zu schmecken, die die Stadt lenken oder auf der Durchreise besuchen.
Ich hatte einen Fenstertisch – rosa Rosen, rosa Tischtuch und ein kunstvoll arrangiertes goldverziertes Gedeck. Spargel, einheimischer Fisch, heiß und entgrätet serviert und ein einheimischer Weißwein mit dem Etikett ›*Caves de Ksara*‹.
Sah man von den scharf spähenden Klatschkolumnisten ab, die ihre Bemerkungen austauschten, so sprachen die meisten Gäste um mich herum ein kehliges Französisch. Da wurden große Geschäfte abgeschlossen, Gelegenheiten sondiert, Verabredungen für Sitzungszimmer und Schlafzimmer getroffen, während sich auf jedem Tisch das Drum und Dran der Fünf-Sterne-Mahlzeiten türmte und keiner von den Gästen sich in die Karten schauen ließ. Massige Männer in dunklen Anzügen; erfahrene silberhaarige Politiker; üppige, moschusduftende Damen aus vornehmer Familie.
Das Lunchen im St. George vermittelte mir mehr als alles andere ein Gefühl von Beiruts wachem Auge für *affaires*. Mannbare Ölmädchen in Bikinis, mit Figuren wie Windhunde und Taillen so biegsam wie ein Banknotenbündel, schenkten den sonnengefleckten Terrassen ihre kostbare körperliche Gegenwart und entschwanden wieder. Einmal sah ich ein schmuckes kleines Kriegsschiff in meine Nische hereinspähen, sich umdrehen und zögern und dann wieder hinauseilen. Ein kanadischer Ölbohrer legte mir im Vorbeigehen die Hand auf die Schulter und beklagte sich darüber, daß ihn in der vergangenen Nacht eine Hure sitzengelassen hatte. Und dazu noch eine griechische. Könne man das für möglich halten? Er wurde von einem Freund weggezogen.

Mein letzter Eindruck vom St. George war der Einzeltisch in meiner Nähe. Der Gast, der hier saß, ließ sich nach Stimme und Typ leicht einordnen. Eine von denen, die heute die Welt durchstreifen, tieftraurig in ihrem mit Geld bestückten Schmerz, vorübergehend unter dem Schock einer amerikanischen Scheidung stehend. Drahtig und reizvoll, Anfang der Dreißiger, aber zu jung, um einfach nur eine lustige Witwe zu sein, saß sie da und starrte über ihren Kaffee hinwegs aufs Meer hinaus.

Neben einer Unzahl üblicher Nepplokale und teurer Bars schießen neuerdings auch modische ›British Pubs‹ aus dem Boden. Es gibt da verschiedene Arten – Tudorbalken aus Plastik und Dartscheiben – und manche wirken fast echt. Der schon erwähnte Duke of Wellington bietet gutes englisches Bier an, dazu rohe Karotten, die mir, wie ich feststellte, lange Zähne machten. Das Pickwick Inn weiter oben an der Straße traf es noch besser; das Kommando führen hier ein backenbärtiger Pilot aus der Schlacht um England und eine Bardame aus Liverpool (oder Umgebung), die eine scharfe Zunge hatte, aber nicht ohne Wohlwollen war. Die Rose and Crown, nicht weit von der Hambra, hatte es meiner Meinung nach nicht ganz geschafft – die Dartscheibe stimmte nicht, und es gab wieder zu viele Karotten.

Diese Pubs vermittelten dem Gast einen ganz neuen Aspekt von Beirut – Geschäftemacher, Drogenhändler und Freundinnen solcher Händler; britische Journalisten in der Verbannung, die Heimweh haben, Nachrichtensammler, die auf ihren goldenen Spesenkonten sitzen und höflich Wörter voneinander entlehnen (in jener Woche waren es ›tendacious‹ und ›pusillanimous‹).

Weiter waren sie der Zufluchtsort blonder englischer Schauspielerinnen, die ein Gastspiel gaben. »Trev, Liebster, ich kann das unmöglich noch drei Wochen aushalten. Flieg Daphne aus, und wenn ich ihre Mutterrolle übernehmen muß.« Oder Crews internationaler Fluggesellschaften. (Ein Pilot kaufte gleich drei von meinen Paperbacks auf Pump. Seine Stewardeß war etwas kritischer. »Ihr Letztes hat mir

offengestanden nicht so gut gefallen – nicht so gut wie das Erste.« »Schon gut, Sie brauchen's mir nicht dreimal zu sagen.«) Auch geheimnisvolle Franko-Kanadier, die einem zerknitterte Visitenkarten in die Hand drückten, auf denen immer Adressen standen. Und schnatternde Scharen von Matronen aus Massachusetts, die eine Kreuzfahrt machten und wissen wollten, ob es hier einen Guru gibt. Und ganz besonders gut erinnere ich mich jenes einsamen Geschäftsmanns aus Tunbridge Wells, eines alten Soldaten, der den TUC an die Wand stellen und diese Wanzen abknallen wollte.
Beiruts große Place Pigalle, das Pseudozentrum seines Nachtlebens, ist natürlich das Casino du Liban. Es liegt auf einem schroffen Felsvorsprung etwa vierzehn Meilen nördlich der Stadt und sein Besuch gilt als ein ›Muß‹ für den Touristen. Hier hat man ein Märchen zur Wirklichkeit gemacht; mit einem Beigeschmack der Schätze und der Sünden des Orients bietet es die Doppelattraktion von Spiel und Frauen. Doch es ist gar nicht so sündig, wie es klingt. Das Spiel ist Staatsmonopol, und wer die Spielsäle betritt, muß seinen Paß vorzeigen. Das Hauptkabarett in den Salles des Ambassadeurs schien mir recht wacker, aber nicht originell – man fühlte sich an Tannhäuser, an das Hollywood der dreißiger Jahre, an das Lido in Paris und an die Ziegfield Follies erinnert; prächtige Mädchen, die in goldenen Käfigen hin und her flitzten, Wasserkaskaden und Bühneneffekte ...
Mehr nach meinem Geschmack war das etwas schäbige Fontana, das unpassenderweise gegenüber der amerikanischen Gesandtschaft liegt. Manche Leute betrachten es als einen Nachtklub für die arbeitende Bevölkerung: nackter Fußboden, Plastikdekorationen, welke Ballons und eine Holzbühne am Ende des Raums. Ich fand das angenehm düster, heruntergekommen und belebend. Man konnte den ganzen Abend bei einer Flasche Bier an seinem Tisch sitzen. Auf der Bühne machte ein kleines Orchester in europäischer Kleidung ausgezeichnete arabische Musik. Es waren zwei Violinvirtuosen da, Laute, Flöte, Trommel und Becken, und

ein Sänger, der wie ein Gasmann aussah. Ihm folgte später eine korpulente Schönheit, die mit heiserer Stimme leidenschaftlich Lust und Wahn der Wüste ins Mikrophon einströmen ließ.

Diese volkstümlichen Lieder heizten das Publikum, das zum größten Teil aus lärmenden Männern bestand, schnell an. Ein paar glühende Wasserpfeifen wurden im Kreis der Gäste herumgereicht. Vom Meer her wehte stark und aromatisch die Nacht herein. In meiner Nähe gerieten zwei alte Eingeborene, vom Bier und der Musik entflammt, rasch in Ekstase, sie stampften auf den Boden, wieherten und pfiffen und fletschten entzückt die Zähne. Ein junges Taxigirl saß an der Tür und stützte den dunklen Kopf in die Hände, während sie darauf wartete, daß irgend etwas mit ihr geschah. Eine kichernde Alte in einem Schal zog langsam ihre Kreise durch den Raum und verkaufte Sträuße schlaffer Blumen.

Unmittelbar vor Mitternacht steigerte sich das Orchester zu einem orgastischen Crescendo, und die Bauchtänzerin betrat die Bühne. Sie hatte alles, was das Publikum nur wünschen konnte – das kühle Gesicht einer Zwölfjährigen, das breite Strahlen einer Stammesmutter, einen reif gerundeten Bauch mit erotischen Grübchen und eine Taille so locker und vibrierend wie die einer Jungfrau.

Das Mädchen trug ein kurzes schimmerndes Gewand aus blauem Stoff mit goldenen Quasten, das an einen Lampenschirm von Harrod's erinnerte. Da sie offensichtlich jung war, faszinierte mich ihre Sachkenntnis, ihre wissenden Allüren erotischer Distanzierung. Sie hatte einen prachtvollen Körper, der in seinen vollen Formen das Ergebnis von generationenalter bewußter Wüstenzucht war. Technisch zeigte ihr Tanz ebensoviel Tradition wie ihr Körper: das Gesicht war leer und aufnahmebereit, die Schultern breit und ruhig, und darunter präsentierten sich die Lenden mit einem so hypnotisierenden Angebot, daß die alten Eingeborenen hinter mir bald heulten wie die Hunde.

Beirut ist das gegebene Reiseziel und ein Sybaris für den

Genießer; doch unter seiner fast krampfhaften Vitalität, unter dem Boden der Begegnung zwischen Ost und West, seiner Neutralität und Toleranz mästet sich der Wurm der Intrige.
Am Tag nach meiner Ankunft in der Stadt wurde von Mitgliedern der Volksfront für die Befreiung Palästinas ein Sabena-Flugzeug zwecks Erpressung von Lösegeld festgehalten. Mit List und Waffengewalt überwältigten die Israelis die Entführer im Flugzeug – nur auf diese Weise könne man mit ihnen fertigwerden, sagten sie. »Wahnsinn«, sagten Journalisten in Beirut. »Sie haben das Leben von hundert unschuldigen Passagieren aufs Spiel gesetzt.«
Eine Woche in Beirut reichte aus, um mit Mitgliedern der PFLP bekannt zu werden, deren Hauptquartier im Libanon liegt. Es war ein Kommen und Gehen von Sympathisanten aus allen Teilen der Welt. In den Bergen liefen wilde Trainings-Prozeduren ab.
Am Tag nach meiner Rückkehr nach London metzelten drei junge japanische Banditen in der Zollhalle von Lydda achtundsechzig Flugpassagiere nieder. Zur Vergeltung für den Mord an den palästinensischen Guerillas, hieß es. Das Überraschende war, daß alle überrascht waren.

## Concorde 002

Als ich in meiner Jugend von zu Hause wegging, brauchte ich zwei Jahre, um Pläne zu schmieden und zu Fuß von Gloucestershire nach Nordspanien zu kommen. Neulich habe ich für die gleiche Entfernung hin und zurück eindreiviertel Stunden gebraucht.

Das geschah in der Concorde 002 von ihrer Cotswolder Testbasis bei Fairford aus, und obwohl wir dabei Höhen und Geschwindigkeiten erreichten, denen meine Sinne nie zuvor ausgesetzt gewesen waren, sind mir Anflug und Landung viel deutlicher in Erinnerung als die Überschallphase, die kaum mehr als ein luftiges Nichts bleibt.

Um rechtzeitig für den Flug bereit zu sein, bezogen wir am Abend zuvor ein gemütliches Hotel mit Ofenheizung in Fairford. Die Nacht heulte wild und unheilverkündend wie bei Shakespeare, und am nächsten Morgen waren Fenster eingedrückt und Blumentöpfe zerschmettert – nicht vom Schallgetöse, sondern von einem Sturm mit Windstärke 8.

»Ich hab noch nie so einen Wind erlebt, nie«, sagte das Stubenmädchen. »Nie nicht, solang ich lebe.«

In der Ferne hörte ich, wie vom Himmel herab, ein dünnes, geisterhaftes Klagen. Vielleicht würde man den Flug absagen. Meine Lebensgeister hoben sich wieder.

»O nein, der fliegt schon«, sagte das Mädchen. »Denke ich wenigstens. Sie lassen ihn schon seit sieben Uhr warmlaufen.«

Wir fuhren hinaus zur Basis, die RAF und BAC in kluger Voraussicht miteinander teilten. Ein typischer Flugplatz, ein typisches kaltes Loch in den oberen Cotswolds, ein typischer mürrischer Wintertag – Wassertanks auf Stelzen, Hütten mit Wellblechdächern, nasser Beton, Vögel, die rückwärts flogen.

Eine Handvoll Sicherheitsbeamte geleitete uns ins Pressegebäude, wo wir feststellten, daß wir zu früh gekommen waren. Ein Mädchen bat uns, etwas zu unterschreiben, vermutlich eine Verzichterklärung. Dann kam ein junger Mann namens Peter hereingeschossen und nahm die Sache in die Hand.
»Ich habe es eben erst erfahren«, sagte er. »So bin ich mit einer Dakota von Filton herübergeflitzt.« Er schüttelte sich den Regen aus dem Haar wie ein Terrier.
Würden wir fliegen? Ja, er glaube schon. Die Wolken hingen tief, und es war starker Gegenwind, aber die Concorde lief sich draußen immer noch warm.
Schon seit dem Frühstück war uns das bewußt; ein Etwas, ganz unaufdringlich, ein anhaltendes Geräusch in der Luft. Ein gelöstes, hohes Summen gebändigter Kraft, die wartende Concorde, der Atem des ruhenden Drachens.
Peter aus Filton schlug vor, wir sollten einmal hinausgehen und uns umschauen. Das Flugzeug wurde gerade vom Ende der Startbahn zurückgeschleppt. Es kam seitwärts auf uns zu, glitt langsam vorüber, und ich erinnere mich, daß ich hochtrabend in mein Notizbuch schrieb: »Die lange Silberzeile lufträumlicher Wirklichkeit, mit ihrem Firmennamen beschriftet wie ein Plastikcontainer.« Von der Seite sieht es eigentlich ziemlich indifferent aus, provinziell – eine erstklassige Kapsel von hoher Geschwindigkeit, besetzt mit winzigen Vorortzug-Fenstern und getragen von Rädern an langen dünnen Stengeln. Nur wenn die Concorde sich einem zuwendet, erkennt man ihre neue Schönheit – das hohe witternde Haupt, den eleganten Hals und schließlich die weitgeschwungenen Schneegansflügel.
Ich trat mit Peter heran, sah den zwölf Meter hohen Schwanz, die vier hängenden Triebwerke, so schwarz wie Teerfässer. Vom Versorgungswagen aus schloß man Drähte und Röhren, die Klimaanlage, an und lud Batterien auf. Ich bemerkte, daß unter den Flügeln lange Farbstreifen abblätterten und fragte: »Waren das Meteoriten? Oder hatten Sie Zusammenstöße mit Vögeln?«

»Nein. Beim ersten Anstrich haben wir uns mit der Grundierung geirrt. Nächstes Mal machen wir das richtig.«
Ich zog mich vor dem Wind hinter den Hangar zurück – ein Gebäude mit geschwungenem Dach, das halb so groß war wie der Paddingtonbahnhof. Eine Riesenwand war offen und gab den Blick frei in ein unermeßliches Inneres, das von fernen winzigen Mechanikern bevölkert war. Während ich da stand, ging ein gebückter alter Mann im Regen vorbei, der eine kleine gelbe Kurbel trug. Die steckte er in ein Loch und fing an, sie ächzend zu drehen; und langsam begannen die gigantischen Türen – hoch wie ein dreistöckiges Haus – sich aufeinander zuzubewegen.
»Wenn der Hangar zugemacht wird, dann fliegen Sie auch«, sagte Peter. Er führte uns zum Presseraum zurück, um uns die letzten Informationen zu geben.
»Etwas Besonderes ist über die Concorde nicht zu sagen«, erklärte er uns, »nur, daß sie das Beste ist, was es auf der Welt gibt. Sie ist so entworfen, daß Idioten sie fliegen können. Schließlich wollen wir sie auf die Weltmärkte bringen und an alle und jeden verkaufen, da können wir die Piloten nicht aussuchen. Sie hat vier Rolls-Royce/SNECMA Olympus 5593 Turbo-Strahltriebwerke, die in paarweise angeordneten Gehäusen unter dem Flügel aufgehängt sind. Sie fliegt Mach 2 mit zwei Triebwerken – kein spürbarer Unterschied, leicht lenkbar.« »Fliegt sie auch mit einem Triebwerk?« fragte ich. »Ja – vermutlich.«
Wir saßen wartend und zappelnd herum. Noch immer waren wir erst acht. Wo blieben alle die anderen? »Weiter kommt niemand.« Nur acht Leute, die in dem großen Ding herumfallen? »Wir werden zwölf Tonnen elektronisches Testmaterial an Bord haben. Da wird gerade noch soviel Platz sein, daß wir euch paar Mann im Heck verstauen.«
Um elf Uhr sollten wir eigentlich starten. Es gab eine halbe Stunde Verspätung. Dann fuhren sie uns hinaus zur Piste. Als ich aus dem Omnibus stieg, riß der Wind ein Etikett der ›Scandinavian Shipping Line‹ von meiner Aktentasche und ließ es quer über die Startbahn tanzen.

Die Concorde stand für uns bereit, den Riesenschnabel bodenwärts gerichtet, und die blauen Wagen des Wartungsdiensts zogen sich nach und nach ehrfurchtsvoll zurück. Auf dem sechzig Meter langen Rumpf stand: ›British Aicraft Corporation – Aerospatiale France‹. Die Zwillingserzeuger, die Doppelurheber, die seltsame Allianz, die das französische ›e‹ an das englische ›Concord‹ angehängt hatte.
Unsere Welt, der Flugplatz, ja man könnte sagen ganz Fairford war jetzt von der Wirklichkeit dieses Flugzeugs beherrscht. Ich stellte fest, daß kaum jemand in Sichtweite auch nur für einen Moment die Augen von ihm abzuwenden vermochte. Vorsatz, Kraft, ein Sprung in die Dimensionen der Apparatur, die unerbittliche Möglichkeit zum Guten oder zum Schlimmen, ein Aufwand, der nach Millionen zählt, und die Mühen von 80 000 Menschen – das alles lag beschlossen in der Haut dieser fein ersonnenen Röhre, fand Ausdruck in dem unirdischen Pulsschlag ihrer lauernden Kräfte.
Die Gangway schien höher als eine Feuerwehrleiter. Ich fühlte mich auf sie zugleiten und erklomm sie, ohne zu denken. Einmal blickte ich zurück und las aus den Gesichtern des Bodenpersonals das Staunen über meine unbegreifliche Bevorzugung.
Von außen wirkt die Concorde in der eindrucksvollen Klarheit der Linienführung vertraut; im Inneren gleicht sie der Bodenkammer eines Hobbybastlers. »Passen Sie auf, wo Sie hinsteigen, treten Sie nicht auf die Drähte, achten Sie auf die Schalter, Hände weg vom Sprengstoff.«
Hinten befanden sich acht ganz normale kleine Passagiersitze und ein gewöhnliches Gepäcknetz, an das ich mit dem Kopf anstieß. Man brachte uns dort unter, schnallte uns an und zeigte uns, wo sich unsere Sauerstoffmasken befanden (für den Notfall). Dann bekamen wir jeder ein Paar Kopfhörer. Mit ihnen konnten wir den Kapitän und seine Crew hören – allerdings ohne selbst zu ihnen sprechen zu können, wie man uns freundlich bedeutete.
Ich begann also einer geheimnisvollen Litanei von Stimmen

zu lauschen, die vor dem Abflug die lange Checkprozedur absolvierten. Stimmen mit schottischem Akzent, aus Yorkshire, im breiten Gloucestershiredialekt und aus Bristol tauschten Informationen aus, stellten Fragen, erteilten Befehle. Hinter all dem konnte ich – Gott weiß wieso, aber ich schwöre es – Glocken und Dudelsäcke hören. Und natürlich dieses unablässige Kraftwerkwinseln.
Die Stimmen waren gelöst und gemütlich, vor allem das Gespräch zwischen Kapitän und Kopilot, das beruhigend, laienhaft und drollig klang. Sie hätten auch ein freundschaftliches Tennismatch einleiten können mit dem wiederholten »Hoppla, Verzeihung« und »Probieren wir's noch mal«.
Natürlich habe ich von dem Cockpitjargon der Concorde nur in Erinnerung, was ich zu hören glaubte; zwischendurch klang es mir manchmal, als unterhielten sich da Indianer in einem Kanu auf dem Amazonas.
Jedenfalls wurde es jetzt ernst. Die Maschinen überprüft, eins bis vier. Namen und Zahlen der Reihe nach gemeldet. Gelegentlich kam ein kurzer Schallstoß, tiefkehlig und gewaltig, als würde der Niagarafall ein- und wieder ausgeschaltet.
»Treppe OK, Chef.«
»Gut.«
»Elektrowagen fort.«
»Danke.«
Wieder ein Donnerstoß.
»Druckmesser scheint zu klemmen.«
»Möglich. Ja.«
»Na schön, Johnny – hau' einfach mal drauf.«
Wieder Glocken und Dudelsäcke.
»Autopilot an ... Bremsklötze weg.«
»Gut.« (Jemand pfiff vor sich hin.)
Eine Zeitlang hingen wir zitternd am Ende der 3000 Meter langen Startbahn in der Schwebe. Niedrig treibende Wolken eilten über die zerzausten Felder. Plötzlich wurden wir ohrenbetäubend lebendig, schossen vorwärts, als hätten wir

einen Fußtritt bekommen, wurden immer schneller, rasten an den Hauptgebäuden vorbei. Nebelhaft verschwommen sah ich durch mein Fenster weiße Gestalten, die uns beobachteten, während Regentropfen quer über das Glas hinweghuschten. Jetzt war ich den weißen Händen einer Kraft ausgeliefert, die weit stärker war, als ich es je erfahren hatte.
»Transportiert nicht, Kapitän. Der Kolben ist blockiert.«
»Versuch's noch mal ... Ach, macht nichts, laß sein.«
Wir stellten uns schräg und stiegen. Die nassen Felder stürzten jäh zurück. Nach fünf Sekunden waren sie in den Wolken verschwunden. Blickte man den Rumpf entlang, so schien er sich zu biegen und zu krümmen wie das Rückgrat eines Schlangenskeletts.
»Sinnlos, sich in dem Dreck hier herumzudrücken, Johnny. Wollen schnell da raus. Hundertprozentig scheußlich. Schätze Wolkenhöhe 10 000. Im Vertrauen zu dir und dem Flugingenieur gesagt ...« Ich hielt es für besser, meine Kopfhörer abzunehmen.
Fünf Minuten nach dem Start durchstießen wir die Wolkenbank. Über uns waren noch ein paar schmutzige Schleier. Nach der Fluganweisung sollten wir irgendwo über Radstock in Somerset sein, Kurs auf die Küste von Nord-Devon halten und steigen.
Jetzt hieß es, wir könnten die Gurte lösen und auch umhergehen, wenn wir wollten. Ich blieb noch eine Weile auf meinem Sitz. Ich war in der Concorde. Ich fühlte nichts; aber schließlich sollte ich ja auch nichts fühlen. Ich sah nur wenig; aber so ein Flugzeug war ja nicht zum Sightseeing da. Jetzt schnallte ich mich los und machte mich auf, die Kabine entlangzugehen. Es war, als kletterte ich ein Kirchendach hinauf.
Drei Mitglieder der Crew saßen in Hemdsärmeln nebeneinander an einem Arbeitstisch und überwachten Stand und Details der Flugleistung. Vor sich hatten sie Computer, Zifferblätter, Uhren, Thermometer und Oszillographen. Die verständlicheren unter den Zifferblättern sagten mir, daß wir schon 29 000 Fuß hoch waren und mit einer Geschwin-

digkeit stiegen, die 100 Fuß in der Sekunde zu betragen schien; daß unsere Geschwindigkeit Mach 0.94 betrug; daß wir uns über einem Punkt befanden, der 150 Meilen von Fairford entfernt lag; und daß wir seit fünfzehn Minuten in der Luft waren.
Die ›Beschleunigung‹ sollte beginnen, nachdem wir Hartland Point überflogen hatten – also in zwei Minuten. Ich bereitete mich innerlich darauf vor. Wir stiegen noch immer steil empor. Die Nadel bewegte sich von 0,94 auf Mach 1. Ich stand da, den Blick auf die Zifferblätter gerichtet. Es war, als hätte mich jemand im Vorbeigehen leicht gestreift. Wir hatten die Schallgeschwindigkeit überschritten.
»Mach Eins-plus«, sagte jemand. Die große Nadel stand still, aber einige von den anderen Zifferblättern schienen plötzlich verrückt zu werden: Nadeln bewegten sich hin und her und kreiselten; Ziffern rasten und klickten; Zeiger zuckten und bekamen den Schluckauf.
Sonst schien nichts weiter zu passieren. Die Männer machten weiter mit ihren Zahlen. Das war's also. Ich beschloß, einen Blick ins Cockpit zu werfen. Meiner Meinung nach mußte das doch der Kommandoeinheit der Astronauten schon recht nahekommen – so bis zum Verrücktwerden bestückt mit Instrumenten. Die vier Männer saßen mehr oder weniger Rücken an Rücken, wie in einem irischen Ausflugswagen: Pilot und Kopilot natürlich vorn, dahinter der Flugingenieur und in einer Ecke, mit dem Blick nach hinten, der Navigator. Raum gab es im Cockpit kaum noch für eine Katze, aber sie kippten ihre Sitze, um mich durchzulassen. Ich sprach mit dem Kapitän und seinem ersten Offizier (der eine Mütze mit rotem Schirm trug). Alles war ruhig – wir flogen mit dem Autopiloten. Durch die schrägen Fenster strömte das Höhenluft-Sonnenlicht herein – weißlich-gelb wie Narzissen.
Ich kehrte in die Ecke des Navigators zurück. Er blickte hinab auf einen 6-Zoll-Radarschirm, der in einer Art Unterwasserlicht glühte. Oben im Schirm erschien etwas, das aussah wie ein zerrissenes grünes Blatt. »Südküste von Irland

– siebzig Meilen entfernt.« Der Navigator zeigte mit seinem Bleistift auf Cork und wandte sich dann wieder seinen Berechnungen zu. Ich drehte mich schwankend zum Weggehen um, und da erst zeigte er den Anflug einer Beängstigung. »Rennen Sie nicht gegen irgendwelche Knöpfe«, sagte er.
Als ich wieder zu den Überwachungstischen kam, stellte ich fest, daß wir 50 000 Fuß erreicht hatten. So lautete die Anzeige – und meine Trommelfelle waren nicht geplatzt. Unsere Geschwindigkeit flackerte jetzt um Mach 2. »Wie schnell ist das?« fragte ich. Soundsoviel Knoten. »Was ist das in Meilen?« »Moment, ich werd's feststellen.« Er sprach in die Bordsprechanlage, drehte sich dann um und kritzelte in mein Notizbuch »1340 Meilen in der Stunde.« Wir hatten den Raum um das südliche Irland verlassen, wo wir abdrehen sollten, und hielten jetzt Kurs hinab zur Bucht von Biscaya. Draußen betrug die Lufttemperatur – 70 Grad Celsius. Aber die Außenhaut des Flugzeugs hatte 120 °C. »Reibung«, sagte ein Kundiger. »Auf diesem Flügel könnten Sie ein Ei braten.« Auf diesen Spruch hatte ich schon gewartet.
Schon anderthalbmal so hoch wie der Mount Everest, und wir stiegen immer noch. »Nachverbrennung setzt ein bei 51 600.« »Was ist Nachverbrennung?« »Spart uns allerhand Arbeit. Wir benutzen das, um schneller auf Mach 2 zu kommen.«
Der künstliche Horizont zeigte mir, daß wir auf den Ohren standen und gerade zu einer Steuerbordwendung ansetzten. Ich begab mich wieder auf meinen Sitz und sah, wie der Flügel nach unten auf eine riesige zerknitterte Wolkenbank wies. Eine merkwürdige Geistersonne folgte uns und glitt über den Dunst unter uns dahin. Die Fenster auf der anderen Seite der Kabine waren voll von dem stumpfen Blau des Raums.
Die nächste halbe Stunde manövrierten wir mit doppelter Schallgeschwindigkeit über dem Meer, irgendwo westlich der fruchtbaren Ebenen von Bordeaux, irgendwo nördlich

der rauhen Küste Spaniens. Wir befanden uns über einer in Wolken verhangenen Welt, in einer dünnen blauen Luft, während wir unseren Kondensstreifen gelegentlich eine neue Richtung gaben und sie kreuzten. Die Sicht war so klar, daß sie die wattierte Rundung der Erde umfaßte. Ich nehme an, daß an jenem Tag nur wenige andere Zivilisten da oben waren.

Dann befanden wir uns auf dem Heimweg, und ich ging noch einmal, einen Blick auf die Zifferblätter zu werfen: 54 000 Fuß, ruhig (vermutlich unsere Gipfelhöhe) und Mach 2.07 (leiser Pfiff eines Mitreisenden). Sauerstoff, OK. Keine Warnlichter zu sehen. Etwa eine Stunde in der Luft und bald war die Landung fällig. Wir mußten schon wieder vor Südirland sein. Dann stellte ich fest, daß wir fast 200 Fuß in der Sekunde an Höhe verloren – und das ist ein gut Stück schneller, als man von einem Haus herunterfallen kann. Wir machten noch eine steile Wendung, und die Sonne wechselte die Fenster. Ich eilte zu meinem Sitz zurück.

Vielleicht hätte ich bleiben sollen, wo ich war. Die Kopfhörer summten von Problemen. Offenbar hatte sich das Wetter über Fairford verschlechtert. Der Kapitän sprach davon, nach Manston in Kent auszuweichen. Die Frage war, ob der Brennstoff reiche.

»Schätze, daß ich mit 10 000 Kilo gut bis Manston käme. Was haben wir sonst noch. Frankreich kommt nicht in Frage. Wie steht's mit Prestwick? Starke Böen? Also Prestwick fällt aus, Johnny. Das heben wir uns für Silvester auf. Wie ist's mit Heathrow? Ja, dort sind die Landebahnen besser. Wie ist das Wetter in Heathrow? Frag lieber in Gatwick.« Es war ein langer Rückweg, als wir wieder in die Wolken eintauchten, und eine leise graue Furcht befiel mich. Wie sie durch den Sturm hinabraste, ohne Maß und Orientierung, schien die Concorde jetzt plump und unerträglich groß.

Noch immer plauderten mir die Cockpitstimmen ins Ohr. Nicht anders, als führen sie in einer scheußlichen Nacht die M 1 entlang.

»Zwanzig Meilen westlich von Radstock.«
»Zehn Meilen.«
»Über Radstock.«
»Geh langsamer runter – Saft sparen.«
»OK, Chef.«
Wir holperten jetzt ein wenig in der dahinfegenden Wolke. Es war, als flögen wir schon eine Ewigkeit durch dieses Zeug.
»Ich sag dir was, Johnny. Wir versuchen's bei zweitausend. Wenn uns nicht gefällt, was wir dann sehen, machen wir schnell, daß wir fortkommen.«
»Radar an. Radar an.«
»Zehn Meilen westlich des Flugplatzes.«
»Zweitausend. Nicht niedriger, Johnny.«
Grauer Regen, graue Wolken, nichts anderes im Weltall. Nur der riesige glänzende Flügel. Wir flogen noch eine Weile schweigend weiter.
»Furchtbar«, murmelte der Kapitän. »Tam-tata – ganz furchtbar, Johnny, hast du X angeschaltet?«
»Entschuldigung, Kapitän – hab ich vergessen.«
Brüllendes Gelächter, Quieken. »Also tu's lieber, wie? Und erinnere mich an die Scheibenwischer. Und das nächste Mal wollen wir das Fliegerhandbuch mitnehmen, was? Ha, ha! Ho, ho! Hm hm.«
Ich spähte immer noch in die Düsternis hinaus. Höre immer noch Gemurmel: »Ja, ja – furchtbar.«
»Sechs Meilen nordwestlich vom Flugplatz, Chef.«
»Nordwestlich, um Gotteswillen?« (Das Gelächter wird jetzt hysterisch.) »Na schön, mach lieber die Scheibenwischer an... Nein, nein! Noch nicht! Denk ans letztemal – da haben wir sie zu früh angestellt und halbwegs auf der Landebahn fielen sie dann runter.«
Der Countdown begann.
Alle hatten sie ihre Beschäftigung; ich dagegen tat nichts, als in den Wolken nach Anzeichen von Mutter Erde und von Gloucestershire zu suchen. Wir mußten in 2000 Fuß Höhe sein, aber ich sah Schemen von Bäumen und Häusern dicht

an mir vorbeisausen, während ich eingebildete Qualen des Landens durchlebte.
»1000 Fuß ... 600 ... Nase runter ... 500.« Ich hatte gespannt zugehört und war der Meinung, daß etwas fehlte. »400 ... 300.« Am liebsten hätte ich geschrien: »Habt ihr das Fahrgestell vergessen?« Aber jetzt konnte ich auch nichts mehr machen.
»Eigentlich müßten wir die Lichter sehen. Ah, da sind sie ja.« Plötzlich leuchten sie in zwei Reihen über der nassen grauen Erde auf. Wir glitten aus dicken grauen Wolken unter 400 Fuß hinab und bogen sanft ein zum Aufsetzen auf die Landebahn. »300 ... 200 ... 100 ... 50 ... 20 ... 5, 4, 3, 2, 1 ...« Dann gab es einen leichten Stoß und ein Rumpeln, als das große Flugzeug den Boden berührte, hundert Tonnen, die aus einer Höhe von zehn Meilen kamen. Felder und Gebäude huschten an uns vorüber, es war tatsächlich Fairford, und Reihen weißer Gestalten warteten im strömenden Regen.
Eindreiviertel Stunden seit dem Start, und davon vielleicht fünfzehn Minuten zur Bestätigung, daß unser Flugplatz noch dort war, wo wir ihn verlassen hatten. Es war eine Instrumentenlandung gewesen, und zwar praktisch blind. Jetzt wußte ich, was diese Apparate bedeuteten.
»Meine Herren«, sagte jemand, während wir unsere Gurte aufmachten. »Sie haben einen normalen Flug unter abnormen Bedingungen hinter sich. Ich denke, Sie werden mir zugeben, das Ergebnis dieses Experiments beweist, daß die Concorde einfach ein normales Flugzeug ist.«
Meine eigene Erfahrung müßte, meine ich, anders formuliert werden. Es stimmte, ich war zum ersten Mal schneller als der Schall gereist. Ich hatte sogar ohne Schmerzen 2.07 Mach erreicht. Außerdem hatte ich in diesen eindreiviertel Stunden mehr Meilen zurückgelegt als in den ersten zehn Jahren meines Lebens. Aber vom Gefühl her war ich nirgends gewesen und hatte ich nichts gesehen. Wir hätten ebensogut über Cheltenham oberhalb der Wolken kreisen können. Es besteht kein Zweifel, daß die Concorde eine

großartige Erfindung ist – man kann im Morgengrauen nach New York aufbrechen und es in Erwartung des Sonnenaufgangs vorfinden, kann um die halbe Erde reisen und feststellen, daß die Freunde immer noch nicht ganz gerüstet sind für den Gast und daß sie mit triumphierendem *élan* agiert. Die Maschine ist phantastisch; sie könnte die Welt kleiner machen. Sie könnte aber auch unser Gefühl für Wunder mindern.

## Nachwort des Autors

Die ersten neunzehn Jahre meines Lebens verbrachte ich in einem kleinen Dorf im Westen Englands, wo unsere Welt in einem Umkreis von nur etwa drei Meilen ihre Grenzen hatte. Dem natürlichen Drang aller jungen Geschöpfe folgend, verließ ich dann meine Heimat, um zu sehen, was die weite Welt draußen an Geheimnissen und Reizen barg. Wie so viele junge Menschen vor mir, machte ich mich zu Fuß nach London auf. Später verließ ich England, ich wanderte zweitausend Meilen durch Spanien und gewann damit eine der fruchtbarsten Erfahrungen meines Lebens. Darauf folgten Reisen in etwa vierzig Länder rund um die Welt, von denen ich immer wieder nach Hause zurückkehrte, um zu prüfen und zu sichten, was ich gesehen hatte.

Ich meine, ich habe es gut getroffen mit meinem Geburtsdatum, denn bei meinen ersten Reisen waren die Straßen fast frei von Autos, die wenigen Wanderer wurden neugierig-heiter aufgenommen, und der Plastikniederschlag des Tourismus hatte Sitten und Gebräuche der Völker und ihre Unbefangenheit noch nicht zerstört.

Die in diesem Buch zusammengefaßten Reisebilder stammen aus zwei Jahrzehnten, und ihre Anordnung entspricht mehr oder weniger der Reihenfolge, in der sie entstanden. Wie die meisten eingeschworenen Reisenden war ich nicht auf der Flucht, sondern auf der Suche nach mir selbst; vor dem Hintergrund dessen, was ich sah, gewann ich ein neues Bild von meinen Ursprüngen. Auf vielen dieser Reisen fand ich unverhüllte Wärme und freundliche Aufnahme, damals, als ein Reisender noch nicht eine bloße Nummer in der Fremdenindustrie war. Es sind also größtenteils Erinnerungen an Zeiten und Länder, deren Bestes wohl für immer dahin ist. Jettourismus, Krieg und Wohlstand haben das meiste zunichte gemacht. Ich glaube, ich hatte großes Glück, daß ich diese Länder kennenlernen durfte, ehe sich Finsternis über die Erde senkte.